Análisis predictivo

Aprovechar el poder de los datos para obtener conocimiento

Escrito por Daniel Carr
Publicado por Cornell-David Publishing House

Índice

I. Comprensión del análisis predictivo

1.1 Introducción al análisis predictivo

1.2 Importancia y beneficios del análisis predictivo

1.3 Técnicas principales en análisis predictivo

1.4 Desafíos del análisis predictivo

1.5 El futuro del análisis predictivo

1.1 Los fundamentos del análisis predictivo

1.1.1 Cómo funciona el análisis predictivo

1.1.2 Importancia del análisis predictivo

1.1.3 Tipos de análisis predictivo

1.1.4 Desafíos del análisis predictivo

1.1.5 El futuro del análisis predictivo

1.1 Análisis predictivo: el concepto explicado

1.2 Componentes importantes del análisis predictivo

1.3 Aplicaciones del análisis predictivo

1.4 Técnicas de análisis predictivo

1.5 Limitaciones del análisis predictivo

1.1 Definición de análisis predictivo

1.2 Metodologías y principios detrás del análisis predictivo

1.3 La aplicación del análisis predictivo

1.4 Pasos del proceso de análisis predictivo

1.5 Desafíos del análisis predictivo

1.6 El futuro del análisis predictivo

1.1 ¿Qué es el análisis predictivo?

1.1.1 El proceso de análisis predictivo

1.1.2 Aplicaciones del análisis predictivo

1.1.3 Beneficios del análisis predictivo

1.1.4 Desafíos y limitaciones

II. La esencia de los datos en el análisis predictivo

Capítulo 4: Revelar patrones futuros con datos

El papel de los datos en el análisis predictivo

Cómo los datos dan forma al modelado predictivo

Escenarios de casos: datos en acción

Los desafíos de la gestión de datos

Más allá de los números brutos: el elemento humano

Conclusión

2.1 Comprender el papel central de los datos en el análisis predictivo

El combustible para motores analíticos

Materias primas para la previsión

Componente crucial para el aprendizaje automático

Preparación de datos: un paso significativo hacia predicciones de calidad

Privacidad de datos e implicaciones éticas

2.1 El valor de los datos en la previsión

2.1 Comprender el papel de los datos en el análisis predictivo

2.1.1 La Materia Prima: Datos

2.1.2 Calidad e idoneidad de los datos

2.1.3 Preparación y preprocesamiento de datos

2.1.4 Análisis de datos

2.1.5 El producto final: conocimientos y predicciones

2.1.6 Aprendizaje y mejora continua

Subsección: Poder predictivo de Big Data

Definición de grandes datos

Big Data y sus capacidades predictivas

Implementación de Big Data para análisis predictivo

III. Métodos y modelos en análisis predictivo

Subsección: Exploración del análisis de regresión en análisis predictivo

A. Comprensión del análisis de regresión

B. Tipos de análisis de regresión

C. Supuestos en el análisis de regresión

D. Papel del análisis de regresión en el análisis predictivo

Subsección: Modelos de regresión y pronósticos

Comprender el análisis de regresión

Tipos de regresión

Comprender los métodos de pronóstico

1. Análisis de regresión en análisis predictivo

1.1 Comprender los conceptos básicos

1.2 Regresión lineal y logística

1.3 ¿Cómo encaja el análisis de regresión en el análisis predictivo?

1.4 Beneficios e inconvenientes

1.5 Conclusión

3.1 Análisis de regresión: un elemento básico en el análisis predictivo

Descripción general

Tipos de análisis de regresión

Análisis de regresión y análisis predictivo

Limitaciones y precauciones

Conclusión

3.1 Análisis de regresión: predecir resultados continuos

Regresión lineal

Regresión logística

Regresión polinomial

3.2 Modelos de series temporales: proyección del futuro

ARIMA

Suavizado exponencial

3.3 Aprendizaje automático: donde el análisis predictivo se une a la IA

Aprendizaje supervisado

Aprendizaje sin supervisión

IV. El poder del análisis predictivo: descripción general

1. Comprender el análisis predictivo

2. La esencia del análisis predictivo

3. Proceso de análisis predictivo

4. Técnicas de Análisis Predictivo

5. Beneficios del análisis predictivo

6. El impacto del Big Data en el análisis predictivo

7. Análisis predictivo e inteligencia empresarial

8. Desafíos y limitaciones del análisis predictivo

9. El futuro del análisis predictivo

IV.1 Comprensión del análisis predictivo

IV.2 Aplicaciones del análisis predictivo

IV.3 El proceso de análisis predictivo

IV.4 Poder del análisis predictivo

IV.5 El futuro del análisis predictivo

Los fundamentos y la importancia del análisis predictivo

Elementos clave del análisis predictivo

Aprovechar el poder del análisis predictivo

IV.1 Comprender la esencia del análisis predictivo

IV.2 Alcance e impacto del análisis predictivo

IV.3 La evolución del análisis predictivo

IV.4 Desafíos y futuro del análisis predictivo

IV.1 Comprensión del análisis predictivo

IV.1.1 Las cuatro etapas del análisis predictivo

IV.1.2 Herramientas y técnicas utilizadas en Análisis Predictivo

IV.1.3 Aplicaciones del análisis predictivo

V. Papel del análisis predictivo en diversas industrias

5.1 El impacto del análisis predictivo en la industria sanitaria

5.2 Potenciando los servicios financieros con análisis predictivo

5.3 Análisis predictivo en el comercio minorista y el comercio electrónico

5.4 Aprovechamiento del análisis predictivo en la fabricación

5.5 El análisis predictivo impulsa el futuro del sector educativo

A. Atención sanitaria

B. Venta al por menor

C. Finanzas y Banca

D. Fabricación

E. Telecomunicaciones

F. Energía y servicios públicos

Análisis predictivo en la atención sanitaria: un enfoque revolucionario

Atención mejorada al paciente

Eficiencia operativa mejorada

Toma de decisiones informada

Desarrollo de fármacos y medicina personalizada

Predicciones de salud mental

5.1 Atención sanitaria

5.2 Comercio minorista

5.3 Finanzas

5.4 Fabricación

V.1. Análisis predictivo en la industria sanitaria

V.2. Análisis predictivo en la industria financiera

V.3. Análisis predictivo en la industria minorista

VI. Estudios de caso: uso exitoso del análisis predictivo

Estudio de caso 1: La evolución del aprendizaje automático de Netflix

Estudio de caso 2: American Express identifica clientes de alta calidad

Estudio de caso 3: Tendencias de la gripe de Google: predicción de la salud pública

VI.A Estudio de caso: Amazon y el análisis predictivo

VI.A.1 Recopilación y gestión de datos

VI.A.2 Recomendaciones de productos

VI.A.3 Gestión de Inventario

VI.A.4 Detección de fraude

VI.A.5 Mejora de la experiencia del usuario

VI.A.6 Conclusión

Estudio de caso 1: Netflix: análisis predictivo para recomendaciones personalizadas

Uso de análisis predictivo

El impacto

Lecciones aprendidas

Estudio de caso 1: Starbucks: personalización de la experiencia del cliente con análisis predictivo

Comprender las preferencias del cliente

Implementación de modelos predictivos

Personalización mediante análisis predictivo

La historia de éxito

Conclusión

Estudio de caso 1: Coca-Cola y el poder del análisis predictivo

El problema

La solución

La implementación

Los resultados

Las lecciones

VII. Desarrollo de un marco de análisis predictivo

7.1 Creación de un marco de análisis predictivo estratégico

7.1.1 Definición de objetivos comerciales

7.1.2 Identificación de fuentes de datos relevantes

7.1.3 Recopilación e integración de datos

7.1.4 Limpieza y transformación de datos

7.1.5 Análisis de datos exploratorios

7.1.6 Construcción y evaluación del modelo

7.1.7 Implementación y monitoreo

VII.1. Comprender la necesidad de un marco de análisis predictivo

VII.2. Componentes de un marco de análisis predictivo

VII.3. Definición de objetivos comerciales

VII.4. Trabajo en equipo

VII.5. Gestión y gobernanza de datos

7.1 Comprender el papel de los datos en el marco de análisis predictivo

7.1.1 Anatomía de los datos en análisis predictivo

7.1.2 El proceso de recopilación de datos

7.1.3 Preparación y preprocesamiento de datos

7.1.4 Construcción de modelos predictivos

7.1.5 Validación y evaluación del modelo

Sección VII.1: Comprensión y definición del problema empresarial en análisis predictivo

Identificar y definir el problema empresarial

Articular los objetivos

Determinar el alcance del problema

Establecer hipótesis

Priorizar posibles soluciones

VII.I. Estableciendo una base sólida de análisis predictivo

VIII. Tendencias futuras en análisis predictivo

A. Análisis predictivo y revolución de la IA

1. Modelos predictivos basados en IA

2. Análisis predictivo en tiempo real

3. IA explicable

4. Máquinas autónomas e Internet de las cosas (IoT)

5. Privacidad y seguridad

6. Análisis predictivo en la nube

"Cambios de paradigma: análisis predictivo e inteligencia artificial"

IA y modelos predictivos

Adopción de IA en las empresas

Desafíos y el camino a seguir

1. El impacto de la inteligencia artificial en el análisis predictivo

Modelos de IA en análisis predictivo

Precisión predictiva mejorada

Transformación de industrias con análisis predictivo asistido por IA

2. Llegada del análisis predictivo en tiempo real

Papel del IoT en el análisis predictivo en tiempo real

3. Automatización del análisis predictivo

Impacto de la automatización en la fuerza laboral

8.1 Análisis predictivo e inteligencia artificial (IA)

8.2 Ubicuidad del análisis predictivo

8.3 La nube y el análisis predictivo

8.4 Sensibilidad temporal y predicciones en tiempo real

8.5 Preocupaciones de privacidad y seguridad

Aprovechar el aprendizaje automático para el análisis predictivo

Aprendizaje supervisado y no supervisado

Revolución del aprendizaje profundo

Análisis predictivo en tiempo real

Transparencia y preocupaciones éticas

IX. Desafíos y limitaciones del análisis predictivo

Subsección: Comprensión de la complejidad y las implicaciones éticas del análisis predictivo

Calidad y gestión de datos

Precisión del modelo

Brecha de habilidades

Transparencia y Confianza

Cumplimiento normativo

Implicaciones éticas

Resistencia al cambio

Subsección: Comprender las complejidades involucradas en el análisis predictivo

IX.1 Comprender los límites del análisis predictivo

Obstáculos para incorporar análisis predictivos

Calidad de los datos:

Falta de analistas calificados:

Preocupaciones sobre la privacidad y la seguridad de los datos:

Costos de implementación:

Mala interpretación de la salida:

Consideraciones éticas:

Limitaciones del análisis cuantitativo:

Naturaleza dinámica de los mercados:

Comprender las limitaciones de las técnicas de análisis predictivo

X. Convertir el análisis predictivo en conocimientos prácticos

XI Comprensión de los conceptos básicos de conocimientos prácticos

X.II. El proceso de creación de conocimientos prácticos

X.III. El valor de los conocimientos prácticos en el análisis predictivo

XY: comprensión de los conocimientos prácticos y su importancia

XY1 traduce el análisis predictivo en conocimientos prácticos

Desafíos de XY2 para aprovechar conocimientos prácticos

X.1 Puesta en práctica del análisis predictivo: cómo implementar conocimientos prácticos

X.1.1 Definir métricas procesables

X.1.2 Construcción de modelos predictivos robustos

X.1.3 Personalizar planes de acción

X.1.4 Sistemas de respuesta automatizados

X.1.5 Fomentar la comunicación

X.1.6 Medir los resultados

X.1 Utilización de los resultados del análisis predictivo

X.1.1 Interpretación de los resultados del análisis predictivo

X.1.2 Cómo hacer que las predicciones sean viables

X.1.3 Conexión de conocimientos con la toma de decisiones

X.1.4 Visualización de análisis predictivos

"Convertir el análisis predictivo en conocimientos prácticos"

A. Comprender el poder del análisis predictivo

B. Transformar la inteligencia predictiva en conocimientos prácticos

C. Errores que se deben evitar al generar conocimientos prácticos

Derechos de autor y exenciones de responsabilidad de contenido:

Descargo de responsabilidad financiera
Derechos de autor y otros descargos de responsabilidad:

I. Comprensión del análisis predictivo

1.1 Introducción al análisis predictivo

El análisis predictivo es una tecnología moderna que está remodelando gradualmente la forma en que operan las empresas y organizaciones. Este enfoque sofisticado implica el uso de datos históricos, algoritmos de aprendizaje automático, métodos estadísticos e IA (Inteligencia Artificial) para pronosticar tendencias, comportamientos y eventos futuros. El objetivo principal del análisis predictivo es proporcionar a las empresas conocimientos prácticos sobre el futuro que les permitan resolver problemas, aprovechar oportunidades y tomar decisiones basadas en datos.

El proceso de análisis predictivo implica varios pasos, que incluyen la recopilación de datos, la limpieza de datos, el análisis estadístico, el desarrollo de modelos, la validación e implementación de modelos y la generación de predicciones finales. Cada paso desempeña un papel fundamental a la hora de proporcionar las predicciones más precisas y valiosas.

1.2 Importancia y beneficios del análisis predictivo

El análisis predictivo está evolucionando rápidamente como una herramienta esencial en el ámbito de la estrategia y el desarrollo empresarial.

- **Reducción de riesgos** : el análisis predictivo proporciona información sobre riesgos potenciales, lo que permite a las empresas establecer medidas preventivas. Por ejemplo, en finanzas, el análisis predictivo puede anticipar los impagos de préstamos, el riesgo crediticio, los resultados de las inversiones y la detección de fraude.

- **Marketing optimizado** : ayuda a optimizar las campañas de marketing al ofrecer información sobre las respuestas de los clientes y los comportamientos de compra, lo que permite un recorrido personalizado del cliente.
- **Operaciones mejoradas** : los modelos predictivos pueden optimizar la eficiencia operativa, como predecir las necesidades de inventario y gestionar los recursos.
- **Detección de fraude** : el análisis predictivo puede ayudar a identificar patrones e irregularidades que puedan indicar actividades fraudulentas, ofreciendo así un mecanismo sólido para los sistemas de alerta temprana.

1.3 Técnicas principales en análisis predictivo

Hay tres técnicas principales de modelado predictivo:

1. **Modelos predictivos** : esta técnica utiliza predictores para pronosticar resultados. Los predictores utilizados podrían ser múltiples variables, como la demografía, los hábitos de gasto y las interacciones previas, para predecir resultados como la tasa de abandono o la probabilidad de recompra.
2. **Modelos descriptivos** : esta técnica agrupa a los clientes potenciales en diferentes categorías para comprender la probabilidad de responder a ofertas específicas.

3. **Modelos de decisión** : Consideran la correlación entre predictores y decisiones específicas para optimizar la toma de decisiones.

1.4 Desafíos del análisis predictivo

Si bien el análisis predictivo aporta inmensos beneficios, es necesario superar ciertos desafíos para su implementación efectiva.

- **Calidad de los datos** : la mala calidad de los datos puede generar predicciones inexactas.
- **Falta de personal calificado** : este campo requiere expertos que puedan desarrollar modelos e interpretar resultados.
- **Entornos cambiantes** : los entornos del mundo real pueden cambiar rápidamente, lo que a veces hace que los modelos queden obsoletos.
- **Sobreajuste** : ocurre cuando un modelo se enfoca tan estrechamente en los matices de un conjunto de datos específico que funciona mal con datos nuevos.

1.5 El futuro del análisis predictivo

Con el avance de la tecnología, el análisis predictivo está evolucionando y volviéndose más sólido. Encuentra nuevas aplicaciones en diversas industrias como la atención médica, las finanzas, la ciberseguridad y más. Desde predecir los resultados de los pacientes, detectar fraudes financieros hasta predecir amenazas a la ciberseguridad, el análisis predictivo promete un futuro impulsado por datos y conocimientos prácticos.

En esencia, el análisis predictivo es una herramienta poderosa que aprovecha los avances tecnológicos para

brindar capacidad de toma de decisiones basada en datos.
Comprender su importancia, beneficios, técnicas y desafíos
es el primer paso para aprovechar su poder.

1.1 Los fundamentos del análisis predictivo

El análisis predictivo es una rama del análisis avanzado que,
como su nombre indica, hace predicciones sobre resultados
futuros basándose en datos históricos y numerosas técnicas
como algoritmos estadísticos, minería de datos y
aprendizaje automático.

En otras palabras, el análisis predictivo utiliza datos del
pasado para predecir el futuro. Es un método proactivo para
que las empresas obtengan una ventaja competitiva
generando conocimientos prácticos basados en lo que se
prevé que suceda. Desempeña un papel vital en diversos
sectores, como la atención médica, el marketing, las
políticas gubernamentales y los servicios financieros, donde
ofrece inmensos beneficios al permitir la toma de decisiones
basada en evidencia.

1.1.1 Cómo funciona el análisis predictivo

La base subyacente del análisis predictivo se basa en
capturar relaciones entre múltiples variables explicativas y la
variable predicha de sucesos pasados y utilizarla para
predecir el futuro. Los pasos clave del proceso incluyen la
recopilación de datos, el preprocesamiento de datos, el
análisis/modelado estadístico, la validación y la
implementación final. Si bien esto puede parecer sencillo,

requiere una gran experiencia para aprovechar el poder de los algoritmos, herramientas, técnicas y metodologías.

1.1.2 Importancia del análisis predictivo

En el panorama empresarial actual en rápida evolución, no se puede subestimar la importancia del análisis predictivo. Ayuda a las empresas a detectar fraudes, optimizar estrategias de marketing, mejorar las operaciones y reducir riesgos. Más allá de eso, puede identificar tendencias y patrones que pasarían desapercibidos en los montones de datos sin procesar y que pueden ser invaluables para predecir eventos futuros y permitir que las empresas reaccionen de manera proactiva a esas predicciones.

1.1.3 Tipos de análisis predictivo

Se utilizan diferentes tipos de métodos de análisis predictivo según el tipo de predicción requerida y el tipo de datos disponibles. Éstas incluyen:

1. *Modelos descriptivos* : clasifican los datos en diferentes grupos según los datos históricos.
2. *Modelos predictivos* : utilizan datos históricos para pronosticar sucesos futuros.
3. *Modelos de decisión* : predicen los resultados de diferentes alternativas de decisión basadas en escenarios conocidos o supuestos.

1.1.4 Desafíos del análisis predictivo

Aunque el análisis predictivo puede ofrecer resultados increíbles, utilizarlo de forma eficaz no está exento de desafíos. La calidad de los datos, la privacidad de los datos, la falta de personal capacitado y el tiempo necesario para la preparación de los datos y la creación de modelos son algunos de los obstáculos que a menudo enfrentan las empresas. Sin embargo, con una planificación adecuada y los recursos adecuados, estos desafíos pueden mitigarse.

1.1.5 El futuro del análisis predictivo

El análisis predictivo no es una moda pasajera que vaya a desaparecer. Todo lo contrario. Con los avances en inteligencia artificial y aprendizaje automático, la precisión y usabilidad del análisis predictivo solo mejorarán en los próximos años. Continuará fomentando impactos significativos en diversas industrias, estimulando la toma de decisiones basada en datos y allanando el camino para resultados más optimizados y eficientes.

Al comprender y aprovechar el potencial del análisis predictivo, las empresas no sólo podrán sobrevivir sino también prosperar en el panorama competitivo futuro. Es una herramienta que le permite mirar hacia el futuro para tomar decisiones hoy que marcarán la pauta para el éxito del mañana. De hecho, el análisis predictivo permite a las empresas ir más allá de saber "lo que ha sucedido" para proporcionar la mejor evaluación de "lo que sucederá en el futuro".

1.1 Análisis predictivo: el concepto explicado

El análisis predictivo, un término que ha ido ganando bastante fuerza en la era actual impulsada por los datos, implica la utilización de datos, algoritmos estadísticos y técnicas de aprendizaje automático para identificar la probabilidad de resultados futuros basados en datos históricos. Para comprender mejor el concepto, considérelo como "la práctica de compartir pronósticos informados sobre el futuro".

A medida que la tecnología digital evoluciona, las empresas u organizaciones se enfrentan cada vez más a una afluencia de Big Data. Con el tiempo, gestionar y descifrar una cantidad tan voluminosa de información se convierte en un auténtico desafío. Aquí es donde entra en juego la aplicación del análisis predictivo.

En pocas palabras, el análisis predictivo examina los patrones contenidos en este Big Data para mitigar los riesgos y aprovechar las oportunidades. Predice con precisión lo que probablemente sucederá a continuación para que se puedan tomar decisiones basadas en datos en tiempo real.

Por ejemplo, imagine si una empresa de comercio electrónico pudiera anticipar la probabilidad de que un cliente devuelva su compra. Luego, la empresa podría dirigirse a esa persona con ofertas especiales o incentivos para mejorar la satisfacción y el compromiso del cliente.

1.2 Componentes importantes del análisis predictivo

El proceso de análisis predictivo se puede dividir en varios componentes principales.

1. **Recopilación de datos:** todo comienza con la recopilación de datos, que implica recopilar una amplia variedad de datos de diversas fuentes, como

datos estructurados, semiestructurados o no estructurados.

2. **Análisis de datos:** después de la recopilación de datos viene el análisis de datos. Esta fase requiere expertos que puedan analizar y extraer estos datos para extraer patrones significativos para su uso en el modelo predictivo.
3. **Análisis estadístico:** una vez que los datos se han analizado exhaustivamente, se aplican algoritmos estadísticos a los datos para formar un modelo estadístico.
4. **Implementación del modelo:** la etapa posterior implica la implementación del modelo predictivo utilizando los algoritmos estadísticos elegidos.
5. **Monitoreo del modelo:** Por último, se realiza el monitoreo del modelo. Implica realizar un seguimiento del rendimiento del modelo predictivo y ajustarlo en función de su precisión predictiva.

1.3 Aplicaciones del análisis predictivo

El análisis predictivo tiene aplicaciones de gran alcance en varios campos. En el ámbito de la atención sanitaria, se puede utilizar para predecir patrones de enfermedades y ayudar en la medicina preventiva. En los negocios, puede anticipar el comportamiento de los clientes, optimizar las campañas de marketing y detectar posibles riesgos o fraudes. En finanzas, el análisis predictivo puede ayudar en la gestión de riesgos, particularmente en la previsión de probabilidades de incumplimiento crediticio o de préstamos.

1.4 Técnicas de análisis predictivo

El análisis predictivo fluido se facilita mediante el uso de una amplia gama de técnicas, como técnicas de regresión, análisis de series temporales, aprendizaje automático, análisis de árboles de decisión y redes neuronales, entre otras. La principal distinción entre estas diversas técnicas es la precisión de sus pronósticos y la naturaleza de las relaciones que pueden formar.

1.5 Limitaciones del análisis predictivo

A pesar de sus poderosas ideas futuristas, el análisis predictivo no está exento de desafíos o limitaciones: no puede predecir el impacto de eventos exógenos inesperados. Además, es tan bueno como los datos en los que se basa. Si los datos recopilados son sesgados, incompletos o erróneos, producirán predicciones sesgadas e inexactas.

Además, no se pueden ignorar las implicaciones éticas del análisis predictivo. Dado que a menudo implica el procesamiento de datos personales, las cuestiones de privacidad y seguridad de los datos plantean desafíos sustanciales. Por lo tanto, se deben reforzar las medidas de protección para garantizar que el uso de análisis predictivos logre el equilibrio adecuado, maximizando los beneficios y minimizando las amenazas potenciales.

1.1 Definición de análisis predictivo

Para comprender todo el abanico de posibilidades que ofrece el análisis predictivo es fundamental partir de una comprensión clara de lo que implica este concepto. En términos sencillos, el análisis predictivo se refiere a la utilización de datos existentes y algoritmos estadísticos para determinar los probables resultados futuros de un evento o una posibilidad de que ocurra.

En pocas palabras, el análisis predictivo es una técnica de análisis de datos orientada al futuro que permite a las organizaciones pronosticar tendencias, patrones y comportamientos aprovechando la potencia informática y las metodologías estadísticas.

1.2 Metodologías y principios detrás del análisis predictivo

El análisis predictivo se basa en una variedad de técnicas estadísticas y metodologías computacionales, que incluyen, entre otras, minería de datos, aprendizaje automático, redes neuronales, inteligencia artificial y modelos estadísticos. Estas metodologías buscan identificar patrones mediante el análisis de grandes conjuntos de datos históricos y transaccionales para predecir resultados futuros.

Un elemento por excelencia del análisis predictivo son las variables predictivas que contienen información sobre los comportamientos probables. Estas variables se utilizan junto con un modelo predictivo para predecir con una precisión razonable los eventos futuros.

1.3 La aplicación del análisis predictivo

El análisis predictivo se utiliza en un amplio espectro de disciplinas, sectores y sectores industriales. Las empresas han aplicado el poder del análisis predictivo en el área de marketing, finanzas, atención médica, seguros y telecomunicaciones, entre otras.

Algunas de sus aplicaciones típicas incluyen calificación crediticia, detección de fraude, segmentación de mercado, optimización de inventario y cadena de suministro, modelado del valor de vida del cliente, predicción de

abandono, evaluación de riesgos para la salud y
mantenimiento predictivo.

1.4 Pasos del proceso de análisis predictivo

El proceso de análisis predictivo se puede delinear en varios
pasos integrales: recopilación de datos, preprocesamiento
de datos, desarrollo de modelos, pruebas y validación, e
implementación. Cada paso implica procedimientos y
metodologías específicas.

- **Recopilación de datos:** la primera y fundamental
  fase es recopilar un amplio conjunto de datos
  históricos.
- **Preprocesamiento de datos:** después de la
  recopilación de datos, es necesario preprocesarlos,
  abordando los valores faltantes, los valores atípicos y
  ajustando los datos en una estructura adecuada para
  los análisis.
- **Desarrollo del modelo:** Luego, en base a los datos
  disponibles y el problema a abordar, se desarrolla un
  modelo predictivo.
- **Pruebas y validación:** en este paso se evalúan la
  precisión y confiabilidad del modelo para determinar
  su efectividad.
- **Implementación:** el paso final implica implementar el
  modelo en datos reales para hacer predicciones
  futuras.

1.5 Desafíos del análisis predictivo

Si bien el análisis predictivo proporciona información y
pronósticos poderosos, no está exento de desafíos.
Cuestiones como la privacidad de los datos, la calidad de
los datos, la precisión de los modelos y la necesidad de

analistas capacitados pueden plantear desafíos para la implementación del análisis predictivo.

1.6 El futuro del análisis predictivo

En el futuro, el análisis predictivo se volverá aún más sofisticado y generalizado a medida que los datos sigan creciendo exponencialmente. El futuro del análisis predictivo reside en la evolución de tecnologías como la inteligencia artificial, el aprendizaje automático y el aprendizaje profundo. La incorporación de estas tecnologías nos permite crear modelos predictivos más precisos, capaces de aprender y adaptarse a nuevos datos, mejorando así continuamente la precisión de las predicciones.

En conclusión, familiarizarse con el análisis predictivo y comprender sus potenciales, limitaciones y perspectivas futuras permitiría a las personas y a las organizaciones aprovechar el poder de los datos para obtener conocimientos valiosos y futuros.

1.1 ¿Qué es el análisis predictivo?

El análisis predictivo es una rama del análisis avanzado que utiliza técnicas de minería de datos, estadística, modelado, aprendizaje automático e inteligencia artificial (IA) para analizar datos actuales y hacer predicciones sobre eventos futuros. Al examinar datos históricos y en tiempo real, estos análisis brindan información sobre lo que puede suceder en el futuro, lo que permite una toma de decisiones informada.

El poder del análisis predictivo radica en su capacidad de generar información procesable sobre el futuro. Esto permite a las empresas y organizaciones anticipar riesgos, descubrir oportunidades, mejorar la eficiencia operativa, mejorar los productos y reforzar la gestión estratégica aprovechando sus datos no sólo para comprender lo que ha sucedido sino también para vislumbrar lo que puede venir.

El análisis predictivo consiste en diversas técnicas estadísticas y avances en la informática automática que permiten predecir sucesos futuros basándose en datos históricos. Esto podría ir desde predecir el comportamiento del cliente hasta realizar previsiones comerciales futuras.

1.1.1 El proceso de análisis predictivo

En esencia, el análisis predictivo consiste en extraer información de conjuntos de datos y determinar patrones que puedan pronosticar resultados futuros con un grado razonable de certeza. El proceso se puede dividir en varios pasos clave:

- **Recopilación de datos:** este primer paso implica recopilar los datos requeridos. Desde registros de transacciones hasta comentarios de los clientes, el análisis predictivo puede manejar datos estructurados y no estructurados de múltiples fuentes.
- **Limpieza de datos:** este paso implica el preprocesamiento y la limpieza de los datos. Se trata de lidiar con datos faltantes o inconsistentes y garantizar que los datos utilizados sean de alta calidad.
- **Análisis de datos:** la mayor parte del análisis predictivo se encuentra en esta etapa, que implica analizar e interpretar los datos mediante modelos y algoritmos estadísticos.
- **Construcción de modelos:** aquí, los analistas de datos utilizan varios modelos predictivos para aprender y comprender las relaciones entre los diferentes atributos de los datos.

- **Pruebas de validación** : antes de poder implementar un modelo predictivo, se debe probar rigurosamente para garantizar su confiabilidad y eficacia.
- **Implementación y monitoreo** : una vez validado, el modelo predictivo se implementa y se monitorea constantemente para garantizar su precisión en la predicción de resultados futuros.

del modelo predictivo dependen del caso de uso específico y del tipo de datos disponibles. Es un proceso complejo que requiere herramientas de software sofisticadas, personal capacitado y una gestión adecuada.

1.1.2 Aplicaciones del análisis predictivo

El análisis predictivo tiene una amplia gama de aplicaciones en múltiples industrias. A continuación se muestran algunos usos típicos:

- **Previsión de tendencias** : las empresas pueden utilizar análisis predictivos para predecir las tendencias del mercado e identificar oportunidades de crecimiento.
- **Predicciones del comportamiento del cliente** : las empresas pueden predecir el comportamiento del cliente, anticipar la deserción y adaptar las estrategias de marketing de forma eficaz.
- **Gestión de inventario** : el análisis predictivo puede ofrecer una previsión precisa de la demanda para una gestión óptima del inventario.
- **Gestión de riesgos** : las instituciones financieras pueden gestionar mejor los riesgos prediciendo posibilidades de fraude o incumplimiento.

- **Atención sanitaria** : los modelos predictivos se pueden utilizar para predecir brotes de enfermedades o reingresos de pacientes.

1.1.3 Beneficios del análisis predictivo

Al aprovechar el análisis predictivo, las organizaciones pueden obtener una ventaja competitiva en la era actual basada en datos. Los beneficios son numerosos:

- **Toma de decisiones mejorada** : al predecir escenarios futuros, las empresas pueden tomar decisiones estratégicas basadas en datos.
- **Gestión de riesgos mejorada** : el análisis predictivo permite una gestión de riesgos más eficaz al identificar los riesgos potenciales antes de que se conviertan en grandes problemas.
- **Mayor eficiencia operativa** : con los conocimientos obtenidos, las empresas pueden optimizar los recursos, mejorar la productividad y reducir costos.
- **Mejor servicio al cliente** : predecir el comportamiento de los clientes puede ayudar a las empresas a ofrecer servicios personalizados y fortalecer las relaciones con los clientes.

1.1.4 Desafíos y limitaciones

Si bien el análisis predictivo ofrece innumerables beneficios, también plantea una buena cantidad de desafíos:

- **Calidad de los datos** : para obtener resultados precisos, es imprescindible contar con datos de alta calidad. Los datos de baja calidad pueden dar lugar a imprecisiones y predicciones poco fiables.

- **Complejidad de los modelos** : la creación de modelos predictivos requiere habilidades técnicas avanzadas y comprensión de algoritmos complejos.
- **Preocupaciones sobre la privacidad** : el uso de datos conlleva el riesgo de infringir las normas de privacidad.

El análisis predictivo no se trata de tener una bola de cristal que garantice el futuro, sino que proporciona los mejores indicadores posibles de qué esperar. Por lo tanto, es importante recordar que, si bien las predicciones pueden ser muy precisas, no son 100% seguras. Por tanto, las predicciones deberían utilizarse como orientación y no como verdad absoluta.

El análisis predictivo es sin duda una herramienta poderosa, pero como cualquier otra herramienta, su efectividad depende en última instancia de cómo se utiliza. En las manos adecuadas, puede ayudar a desbloquear conocimientos invaluables, impulsar la toma de decisiones estratégicas y llevar a las empresas a una nueva era de crecimiento impulsado por datos. Sin embargo, sin una estrategia de implementación sólida y prácticas de datos responsables, es posible que el poder del análisis predictivo no se aproveche.

II. La esencia de los datos en el análisis predictivo

Capítulo 4: Revelar patrones futuros con datos

En este capítulo, profundizaremos en el funcionamiento interno del análisis predictivo y el papel fundamental que desempeñan los datos a la hora de realizar predicciones informadas. La elección de los conjuntos de datos relevantes que se utilizan y la eficiencia de los algoritmos aplicados afectan directamente la calidad de los conocimientos y predicciones generados.

El papel de los datos en el análisis predictivo

Los datos son la materia prima del análisis predictivo. Así como un escultor elige cuidadosamente la piedra adecuada antes de comenzar su trabajo, un analista de datos debe comenzar con el conjunto de datos correcto para obtener predicciones precisas. El punto importante aquí no es la gran cantidad de datos sino la calidad y precisión de los datos que se ajustan al problema dado.

En el análisis predictivo se utilizan datos de diversos formatos, como datos no estructurados, semiestructurados y estructurados. Los datos, una vez preprocesados, limpiados y transformados, proporcionan la base sobre la que se construyen los modelos predictivos.

Cómo los datos dan forma al modelado predictivo

El modelado predictivo toma estos conjuntos de datos y les aplica una variedad de técnicas estadísticas, como el aprendizaje automático y el modelado predictivo, para analizar hechos actuales e históricos y hacer predicciones sobre el futuro.

Los modelos matemáticos involucrados examinan extensos conjuntos de datos para detectar patrones y tendencias importantes. Los modelos predictivos evolucionan con el tiempo a medida que continúan consumiendo datos más nuevos y revisan las predicciones de acuerdo con los cambios de datos observados.

Escenarios de casos: datos en acción

Para visualizar el poder del análisis predictivo, considere un servicio de transmisión de películas que recomiende películas basándose en los elementos vistos anteriormente por los usuarios. Aquí, los puntos de datos incluirían las películas que cada usuario ha visto y tal vez incluso cómo calificaron cada película. O considere una compañía de tarjetas de crédito que utiliza análisis predictivos para detectar transacciones fraudulentas. En este caso, la empresa recopila puntos de datos sobre el comportamiento de compra típico de cada usuario de la tarjeta para detectar anomalías que puedan indicar fraude.

Los desafíos de la gestión de datos

Si bien el avance de la tecnología nos ha brindado un fácil acceso a grandes cantidades de datos, trae consigo una buena cantidad de desafíos. Manejar grandes cantidades de datos requiere poderosas capacidades de procesamiento, soluciones de almacenamiento eficientes y el conocimiento para administrar y mantener todo esto.

Además, la privacidad y la seguridad de los datos se han convertido en preocupaciones primordiales en el mundo moderno. Se requiere un mecanismo sólido para proteger los datos confidenciales y al mismo tiempo garantizar que se cumplan las normas de privacidad.

Más allá de los números brutos: el elemento humano

Es fundamental recordar que, si bien los datos son el núcleo del análisis predictivo, un toque humano a menudo puede ofrecer conocimientos más profundos. Los analistas desempeñan un papel fundamental a la hora de interpretar los datos correctamente, comprender qué hace que las métricas relevantes sean significativas o detectar una tendencia significativa.

Conclusión

En resumen, los datos son el elemento vital que impulsa el análisis predictivo. Con el crecimiento exponencial de los datos en este mundo digital, el potencial del análisis predictivo para revolucionar las industrias y transformar las empresas es tremendo. Sin embargo, se requieren modelos cuidadosamente diseñados, una aplicación precisa y una comprensión integral para desbloquear este potencial.

En los siguientes capítulos, profundizaremos en cada paso del proceso de análisis predictivo, discutiremos las técnicas y herramientas utilizadas en cada etapa y exploraremos cómo interpretar y aplicar los resultados de manera efectiva para impulsar la toma de decisiones y la innovación.

2.1 Comprender el papel central de los datos en el análisis predictivo

Sin lugar a dudas, los datos son el alma del análisis predictivo. El poder inherente de los datos radica en su capacidad de proporcionar información sobre patrones y tendencias. En consecuencia, estos conocimientos permiten la planificación estratégica, la toma de decisiones y las predicciones sobre resultados futuros.

El combustible para motores analíticos

Un modelo predictivo es como una máquina. Al igual que las máquinas funcionan con combustible, los modelos predictivos funcionan con datos. Sin datos, estos modelos no podrían funcionar. En este sentido, los datos pueden verse como el combustible que impulsa el motor del análisis predictivo.

Numerosos tipos de datos pueden impulsar el motor de análisis predictivo, y esto se vuelve más evidente en la era del big data. Los datos estructurados, como los datos numéricos y categóricos, los datos no estructurados, como texto e imágenes, y los datos semiestructurados, como XML y JSON, poseen el potencial de convertirse en información útil.

Materias primas para la previsión

El análisis predictivo implica extraer información de conjuntos de datos existentes con el objetivo de predecir probabilidades y tendencias futuras. En otras palabras, los datos son la materia prima utilizada para crear productos de pronóstico. La calidad de las materias primas (datos) influye directamente en la calidad del producto final (predicción). Los datos incompletos o inexactos conducirían inevitablemente a predicciones inexactas.

Componente crucial para el aprendizaje automático

Los datos no solo impulsan el análisis predictivo, sino que también actúan como un componente crucial para el aprendizaje automático (ML), una técnica clave utilizada en el análisis predictivo. Los modelos de aprendizaje automático aprenden de los datos para hacer predicciones o decisiones sin estar programados explícitamente.

En el aprendizaje supervisado, se utilizan datos etiquetados para entrenar el modelo de ML y el modelo aprende a predecir el resultado a partir de las características de los datos de entrada. Sin embargo, en el aprendizaje no supervisado, el modelo identifica patrones y relaciones en los datos de entrada. En consecuencia, la calidad, la diversidad y el volumen de los datos afectan significativamente el rendimiento de los modelos de ML.

Preparación de datos: un paso significativo hacia predicciones de calidad

Aunque los datos son un recurso crítico en el análisis predictivo, deben limpiarse y transformarse adecuadamente antes de su utilización. La preparación de datos implica formatear, limpiar y muestrear los datos, lo que afecta directamente la calidad del análisis predictivo. Los datos no válidos o inconsistentes pueden llevar a conclusiones erróneas, mientras que los datos sesgados pueden llevar a predicciones discriminatorias. Por lo tanto, es necesaria una preparación diligente de los datos para establecer modelos de análisis predictivos exitosos.

Privacidad de datos e implicaciones éticas

Si bien los datos son la esencia del análisis predictivo, es fundamental respetar la privacidad de los datos y cumplir con consideraciones éticas en el manejo y análisis de datos. El análisis predictivo nunca debe violar los derechos de privacidad de una persona ni debe usarse de manera poco ética. Por lo tanto, se deben implementar mecanismos apropiados de gobernanza de datos para garantizar la privacidad, precisión, accesibilidad e integridad de los datos.

En conclusión, el papel de los datos es integral para el análisis predictivo, desempeñando varios roles en diferentes etapas, desde la materia prima para los análisis hasta el material de aprendizaje para los modelos de ML. Sin embargo, su poder es tan potente como su manejo cuidadoso: se debe priorizar la preparación de datos y la privacidad para obtener conocimientos significativos y éticos. Al reconocer y aprovechar estas diversas facetas de la importancia de los datos en el análisis predictivo, podemos aprovechar eficazmente su poder para obtener conocimientos futuros.

2.1 El valor de los datos en la previsión

En el ámbito del análisis predictivo, los datos son el elemento vital que le da a este enfoque científico su poder predictivo. Esta sección profundiza en el papel de los datos, las razones detrás de su importancia y cómo se transforman en potentes conocimientos predictivos que impulsan la estrategia empresarial y la toma de decisiones.

a) El papel de los datos en el análisis predictivo

Cualquier discusión sobre análisis predictivo estaría incompleta sin enfatizar primero el punto de apoyo de la operación: los datos. En el análisis predictivo, los datos son la materia prima. Cada predicción, cada pronóstico depende de la calidad y cantidad de datos disponibles. Los datos son la piedra angular de los modelos predictivos: modelos que son capaces de aprender de datos históricos y en tiempo real, discernir patrones y hacer predicciones fundamentadas sobre eventos o resultados futuros.

b) Calidad y cantidad de datos

- *Cantidad* : un mayor volumen de datos amplifica la capacidad de un modelo para aprender y hacer predicciones precisas. La gran cantidad de datos que se generan cada minuto en las redes sociales, IoT, dispositivos móviles, sitios web y empresas de diversos sectores se denomina generalmente "Big Data". La omnipresencia de Big Data ha magnificado las oportunidades para el análisis predictivo de maneras inimaginables.
- *Calidad* : La precisión y la importancia de los datos son igualmente importantes. El principio Garbage In, Garbage Out (GIGO) se hace eco de este sentimiento. Si los datos de entrada son defectuosos, también lo serán los de salida. En este contexto, el proceso de limpieza de datos se vuelve fundamental para el análisis predictivo. Implica identificar y rectificar (o eliminar) datos inexactos de una base de datos. El objetivo final es mejorar la integridad de los datos y el grado de predicciones.

c) Procesamiento y Gestión de Datos

El análisis predictivo aprovecha los datos, tanto estructurados como no estructurados. Los datos estructurados incluyen cualquier cosa que se pueda colocar claramente en tablas, gráficos o cuadros, mientras que los datos no estructurados incluyen videos, imágenes, datos de texto, correos electrónicos, etc. La gestión de datos implica almacenar de forma segura y eficiente estos diversos formularios de datos, asegurándose de que sean accesibles para Procesando. El proceso incluye varias etapas fundamentales como recopilación de datos, preprocesamiento de datos, integración de datos, transformación de datos y reducción de datos.

d) Obtener conocimientos predictivos a partir de datos

Los datos brutos no confieren ningún poder predictivo por sí
solos; debe ser controlado, transformado y procesado para
provocar los patrones enterrados en su interior. Los pasos
suelen ser estos:

- *Recopilación de datos* : esta es la etapa inicial, donde
  se recopilan datos relevantes de diversas fuentes.
- *Preprocesamiento de datos* : esta etapa tiene como
  objetivo limpiar y formatear los datos. Puede implicar
  lidiar con datos faltantes o inconsistentes, reducción
  de ruido y normalización de datos.
- *Construcción de modelos* : esto ocurre una vez que
  los datos están limpios y listos para su uso. Durante
  esta etapa, se aplican algoritmos relevantes,
  formando el modelo predictivo.
- *Evaluación y validación* : luego el modelo se prueba,
  se valida y se evalúa su desempeño. Esto puede
  revelar cualquier mejora necesaria.
- *Implementación y monitoreo* : el modelo predictivo
  final se implementa en un entorno del mundo real
  para predicciones reales y se monitorea
  continuamente el rendimiento.

El análisis predictivo exige un cuidado inmenso en la
gestión, procesamiento y análisis de datos. La calidad y
cantidad de los datos desempeñan un papel fundamental a
la hora de determinar la precisión del modelo construido,
ofreciendo así información futura más fiable para una mejor
toma de decisiones. Se utilizan herramientas, tecnologías y
estrategias específicas para amplificar el valor de los datos
dentro del análisis predictivo, convirtiéndolos en una fuerza
instrumental en este campo.

2.1 Comprender el papel de los datos en el análisis predictivo

Para comprender la esencia del análisis predictivo, es fundamental que Investiguemos el papel fundamental que desempeñan los datos en todas sus operaciones. El análisis predictivo, en esencia, se basa en gran medida en datos. Esto se debe a que implica utilizar datos de eventos pasados, procesarlos y analizarlos para formar patrones que puedan predecir resultados o tendencias futuros. Es dentro de este contexto donde se puede comprender y apreciar plenamente la importancia de los datos en el análisis predictivo.

2.1.1 La Materia Prima: Datos

Los datos sirven como materia prima en el proceso de análisis predictivo. Así como un orfebre necesita oro para crear una hermosa pieza de joyería, un analista predictivo necesita datos para crear pronósticos reveladores. Por tanto, el proceso de análisis predictivo comienza con la captura, recopilación o recopilación de datos. Los datos pueden surgir de una variedad de fuentes diferentes: desde registros de transacciones en una empresa hasta resultados de encuestas, o incluso publicaciones en redes sociales. La importancia aquí es que sin datos, el análisis predictivo no es posible.

2.1.2 Calidad e idoneidad de los datos

No todos los datos son iguales y, por lo tanto, no todos los datos son igualmente adecuados para el análisis predictivo. El éxito de cualquier modelo predictivo depende en gran medida de la calidad de los datos que se le introducen. Es esencial que los analistas predictivos utilicen datos precisos, consistentes y confiables. Los datos de mala calidad pueden dar lugar a predicciones inexactas, resultados engañosos o incluso conclusiones completamente erróneas.

2.1.3 Preparación y preprocesamiento de datos

Los datos rara vez vienen en un formato listo para usar. A menudo es necesario limpiarlo, formatearlo o preprocesarlo antes de poder utilizarlo para el análisis predictivo. Esta fase implica varias tareas, como manejar valores faltantes, eliminar valores atípicos, transformación de datos y escalado de características. El objetivo aquí es garantizar que los datos tengan la calidad, el formato y la estructura adecuados para utilizarlos de forma eficaz en el modelo predictivo.

2.1.4 Análisis de datos

Una vez recopilados y preparados los datos, comienza la fase de análisis. Aquí, se utilizan algoritmos y herramientas analíticas para examinar, interpretar y analizar datos. Por ejemplo, los estadísticos pueden realizar análisis de regresión para identificar relaciones entre variables. Se pueden utilizar modelos de aprendizaje automático para reconocer patrones en los datos. El objetivo aquí es obtener conocimientos prácticos a partir de datos que puedan utilizarse para predecir resultados futuros.

2.1.5 El producto final: conocimientos y predicciones

El valor fundamental de los datos en el análisis predictivo está en los conocimientos y predicciones que pueden derivarse de ellos. Estos conocimientos podrían ayudar a las organizaciones a tomar decisiones estratégicas informadas, optimizar sus operaciones o incluso abrir nuevas oportunidades de crecimiento. Las predicciones realizadas a partir de datos pueden ofrecer vislumbres del futuro, ofreciendo a las empresas la oportunidad de mantenerse a la vanguardia, anticipar las necesidades de los clientes o mitigar riesgos potenciales.

2.1.6 Aprendizaje y mejora continua

Los datos en el análisis predictivo no son un recurso de un solo uso. Incluso después del análisis inicial, los datos deben conservarse para seguir aprendiendo y mejorando. Esto se debe a que el entorno del mundo real es dinámico y está sujeto a cambios constantes. Al monitorear y rastrear continuamente el desempeño y actualizar los modelos basados en nuevos datos, el análisis predictivo puede ayudar a las organizaciones a aprender, adaptarse y mejorar de manera continua.

En pocas palabras, el papel fundamental de los datos en el análisis predictivo es incuestionable. Es esencialmente el elemento vital que alimenta las predicciones. Tener una comprensión clara de su función puede ser de gran ayuda para crear modelos predictivos eficaces. De hecho, es esa herramienta omnipotente en manos de un analista que, si se aprovecha correctamente, puede convertir las incertidumbres empresariales en oportunidades.

Subsección: Poder predictivo de Big Data

En el ámbito del análisis predictivo, los datos constituyen la base. El volumen, la velocidad, la variedad y la veracidad de los datos, conocidos colectivamente como las 4V del Big Data, influyen profundamente en los resultados de cualquier análisis predictivo.

Definición de grandes datos

"Big Data" es una terminología derivada para describir datos tan abundantes y complejos que las herramientas tradicionales de procesamiento de datos encuentran dificultades para gestionar. La esencia del Big Data se alimenta de su potencial predictivo. Cuantos más datos posea, más claramente podrá observar patrones, tendencias y asociaciones, particularmente en relación con el comportamiento humano.

Big Data y sus capacidades predictivas

La captura de datos en grandes volúmenes, a menudo en tiempo real, ofrece a las empresas una ventaja en términos de análisis predictivo.

- **Volumen** : La magnitud de los datos disponibles hoy en día es inconcebible. Las redes sociales, los sensores de Internet, los registros de las máquinas, las imágenes y vídeos digitales, los registros de transacciones de compra, las señales de GPS de los teléfonos móviles, entre otros, generan volúmenes inconcebibles de datos cada segundo. Esta gran cantidad de datos ayuda a los modelos predictivos complejos al proporcionar variables más amplias y patrones más claros.

- **Velocidad** : La velocidad a la que recibimos datos es igualmente crítica. Datos más rápidos significan predicciones más rápidas, algo particularmente vital para industrias que necesitan reaccionar en tiempo real o casi en tiempo real, como las finanzas, la salud y el comercio electrónico.
- **Variedad** : la diversidad o variedad de datos, desde datos estructurados hasta datos semiestructurados y no estructurados, alimenta la riqueza y profundidad de la información para el análisis predictivo. Cuanto más amplia sea la variedad, mejores serán los conocimientos.
- **Veracidad** : Esto connota la incertidumbre de los datos disponibles. Dado que los datos a menudo pueden ser confusos (sucios, desestructurados y con anomalías), la capacidad de diferenciar los datos creíbles y precisos del ruido es importante.

Implementación de Big Data para análisis predictivo

El amplio alcance de Big Data allana el camino para análisis predictivos más complejos, liberando a los profesionales de las limitaciones tradicionales. La incorporación de datos amplios y variados mejora el modelo predictivo y permite una toma de decisiones más precisa. Integrar Big Data en el análisis predictivo implica:

- **Minería de datos** : la extracción de puntos de datos relevantes de conjuntos de datos extensos es esencial. La identificación de patrones permite predecir tendencias futuras.
- **Modelado predictivo** : el empleo de técnicas y algoritmos estadísticos para anticipar resultados futuros es el núcleo del análisis predictivo. Cuanto

mayor y más diverso sea el conjunto de datos, más precisas serán las predicciones del modelo.

- **Aprendizaje automático** : como subconjunto de la inteligencia artificial, el aprendizaje automático se alimenta de Big Data para realizar predicciones precisas. Cuando se exponen a más datos, estos modelos de aprendizaje automático aprenden y se adaptan continuamente, mejorando su precisión con el tiempo.

El análisis predictivo impulsado por Big Data propone muchas vías innovadoras para las prácticas industriales. Con la aplicación adecuada de la tecnología, las organizaciones pueden convertir el flujo de datos en una ventaja estratégica: predecir la próxima compra del cliente, anticipar fallas en las máquinas, detectar transacciones fraudulentas, mejorar el diagnóstico de atención médica, transformando la forma en que las industrias piensan, trabajan y crecen.

En esta era de abundancia de datos, el análisis predictivo se está convirtiendo rápidamente en un punto de inflexión. Big Data, aprovechado de manera inteligente, abre un potencial sin explotar, permitiendo a las organizaciones prever lo que les espera y actuar de manera proactiva para aprovechar las oportunidades del mañana.

III. Métodos y modelos en análisis predictivo

Subsección: Exploración del análisis de regresión en análisis predictivo

El análisis de regresión es uno de los poderosos métodos estadísticos utilizados en el análisis predictivo que se utiliza para identificar y analizar la relación entre una variable dependiente y una o más variables independientes. Es una de las muchas técnicas de modelado predictivo y se utiliza para realizar pronósticos, modelar series de tiempo y determinar la relación causal-efecto entre variables.

A. Comprensión del análisis de regresión

El término "regresión" se refiere a una regresión de y sobre x. Es decir, significa predecir la y aproximada en "y = f(x)" cuando sólo se da el muestreo de x. El análisis de regresión ayuda a comprender cómo cambia el valor típico de la variable dependiente o variable de criterio cuando se varía cualquiera de las variables independientes, mientras que las otras variables independientes se mantienen fijas.

B. Tipos de análisis de regresión

Existen varios tipos de análisis de regresión; sin embargo, algunos siguen utilizándose más comúnmente en análisis predictivos.

1. Regresión lineal : es un enfoque estadístico para modelar la relación entre dos variables (de forma dependiente e independiente) ajustando una ecuación lineal a los datos observados. Se puede dividir en dos tipos; regresión lineal simple y regresión lineal múltiple.

2. Regresión logística : a diferencia de la regresión lineal que predice valores continuos, la regresión logística se utiliza para modelar la probabilidad de que ocurra un determinado evento como pasa/falla, gana/pierde, vivo/muerto o sano/enfermo.

3. Regresión polinómica : si la potencia de la variable independiente es mayor que 1, la ecuación se convierte en un polinomio, por lo que se denomina regresión polinómica. Se ajusta a una relación no lineal entre el valor de x y la media condicional correspondiente de y.

4. Regresión de cresta : La regresión de cresta sirve como solución al problema de multicolinealidad al asignar un grado de sesgo a las estimaciones de regresión.

5. Regresión de lazo : La regresión de lazo (operador de selección y contracción mínima absoluta) es como la regresión de cresta, pero tiene la capacidad de reducir la variabilidad y mejorar la precisión de los modelos de regresión lineal.

C. Supuestos en el análisis de regresión

En el análisis de regresión, se hacen varios supuestos:

- *Linealidad* : la relación entre los predictores y el objetivo es lineal.
- *Errores independientes* : los residuos/errores del modelo deben ser independientes entre sí.
- *Normalidad* : para cualquier valor fijo de X, Y se distribuye normalmente.
- *Varianzas iguales* : para cualquier valor fijo de X, la varianza de Y es constante.

D. Papel del análisis de regresión en el análisis predictivo

En el análisis predictivo, el análisis de regresión se utiliza para predecir resultados y evaluar posibles relaciones entre variables. Ayuda a comprender los escenarios futuros en diversos campos como la investigación de mercado, la rentabilidad de los productos, el sector inmobiliario, la predicción del tiempo, la atención sanitaria, el mercado de valores, etc.

Dado el creciente acceso y disponibilidad de datos, el papel del análisis de regresión en el análisis predictivo está demostrando ser de suma importancia. Ofrece un medio simple pero poderoso para sintonizar los datos y, como resultado, tomar decisiones calculadas y centradas en el futuro.

A pesar de basarse en un concepto simple de relación lineal, su sencillez le ha valido una gran importancia en el ámbito del entendimiento empresarial. Puede ayudar a crear un rumbo futuro o allanar el camino para los cambios necesarios hoy que influyan positivamente en el futuro.

En conclusión, el análisis de regresión es una herramienta fundamental en el análisis predictivo. Puede que no siempre ofrezca predicciones perfectas (porque los datos del mundo real son confusos e impredecibles), pero si se implementa correctamente, puede generar información increíblemente valiosa que impulse una mejor toma de decisiones comerciales. Por lo tanto, comprender sus sutilezas y matices, así como saber cuándo y cómo usarlo, son habilidades imprescindibles para los científicos y analistas de datos de hoy.

Subsección: Modelos de regresión y pronósticos

Uno de los principales métodos y modelos utilizados en el análisis predictivo son los **modelos de regresión y las técnicas de pronóstico.** Estos métodos son apreciados por su flexibilidad, facilidad de comprensión y solidez, lo que significa que pueden adoptar muchas formas y son muy adaptables a una multitud de aplicaciones.

Comprender el análisis de regresión

El análisis de regresión es una poderosa técnica estadística que permite a los analistas examinar la relación entre dos o más variables. Incorpora la simplicidad de la correlación y avanza hacia la predicción de una variable a partir de otra o más. La variable dependiente suele denominarse Y, mientras que las variables independientes se representan con el símbolo X.

Las importantes aplicaciones de los modelos de regresión en el análisis predictivo se extienden desde la previsión de ventas futuras en las empresas, la predicción de la progresión de enfermedades en medicina, la estimación del rendimiento de los cultivos en la agricultura, la predicción de los efectos del cambio climático en los ecosistemas y muchas más.

Tipos de regresión

Se pueden utilizar varios tipos de modelos de regresión en el análisis predictivo. Cada uno tiene características únicas que lo hacen adecuado para situaciones específicas. Aquí hay algunos tipos:

1. **Regresión lineal simple** : se utiliza una variable independiente para predecir el resultado de la variable dependiente. Por ejemplo, la relación entre la edad y la presión arterial.
2. **Regresión Lineal Múltiple** : Se utiliza cuando existen dos o más variables independientes. Si se utiliza en marketing, por ejemplo, la regresión lineal múltiple puede medir el impacto de los cambios en el

precio de los bienes, los gastos de marketing y el
impacto de la publicidad en las redes sociales en las
ventas.
3. **Regresión polinómica** : este tipo extrapola la
   relación entre la variable independiente y la variable
   dependiente como un polinomio de enésimo grado.
4. **Regresión de cresta** : se utiliza para analizar datos
   de regresión múltiple que sufren de multicolinealidad,
   lo que ocurre cuando las variables independientes
   están altamente correlacionadas.
5. **Regresión logística** : este tipo se utiliza cuando la
   variable dependiente es binaria. Por ejemplo, si un
   paciente tiene una enfermedad (sí/no), o si un correo
   electrónico es spam (sí/no).

Comprender los métodos de pronóstico

Los métodos de previsión constituyen otra herramienta
importante en el análisis predictivo. A diferencia de la
regresión, que predice el valor de una variable basándose
en los valores reales de otras variables, **la previsión
predice valores futuros de la misma variable** . Más
precisamente, la previsión implica la creencia de que los
patrones en los datos que observamos ahora continuarán en
el futuro.

Existen varias clases de métodos de pronóstico:

1. **Técnicas cualitativas** : se utilizan a menudo cuando
   no hay datos concretos disponibles y se basan en la
   opinión de expertos y otra información menos
   objetiva.
2. **Pronóstico de series de tiempo** : aquí, se analizan
   datos históricos para extrapolarlos al futuro. Esto
   incluye métodos como promedios móviles, suavizado
   exponencial y modelos autorregresivos.

3. **Modelos causales** : estos modelos suponen que la variable que se pronostica está influenciada por una o más variables. El modelo pronosticará la variable de interés, siempre que se conozca el valor futuro de la variable predictora.
4. **Métodos de previsión de inteligencia artificial (IA)** : más recientemente, se están aplicando técnicas de aprendizaje automático y aprendizaje profundo a la previsión. Dependiendo del algoritmo particular, estos pueden considerarse una forma de pronóstico de modelo causal o pronóstico de series de tiempo.

En conclusión, la rica variedad de modelos de regresión y técnicas de pronóstico proporciona a los analistas un conjunto de herramientas versátil para abordar los diferentes desafíos que conlleva la predicción del futuro. Dominar estas técnicas y comprender cuándo aplicar qué técnica es una habilidad clave en el análisis predictivo.

1. Análisis de regresión en análisis predictivo

El análisis de regresión se puede definir simplemente como una poderosa técnica de análisis estadístico que se utiliza para explicar o predecir el cambio en una variable (variable dependiente) debido a cambios en otras variables (variables independientes). La naturaleza concisa de esta técnica, junto con su alta precisión, la ha convertido en una opción popular para el análisis predictivo en diferentes campos como finanzas, atención médica, comercio minorista y más.

1.1 Comprender los conceptos básicos

La forma más sencilla de entender el análisis de regresión es considerando un ejemplo sencillo. Supongamos que un minorista quiere determinar cuánto caen o aumentan las ventas de un producto en particular en función de su precio. Aquí, el precio puede considerarse como una variable independiente, mientras que las ventas son la variable dependiente. Un análisis de regresión utilizará puntos de datos existentes para construir un modelo que prediga con precisión cómo un cambio en el precio podría alterar las ventas.

1.2 Regresión lineal y logística

Existen varios tipos de modelos de regresión, pero los dos más utilizados son la regresión lineal y la logística.

Regresión lineal : este tipo de análisis de regresión ayuda a predecir una variable dependiente continua basada en una o más variables independientes. Piense en predecir el precio de una vivienda (variable dependiente) basándose en variables como la ubicación, el tamaño y la antigüedad de la casa (variables independientes).

Regresión logística : se utiliza cuando la variable dependiente es categórica, lo que significa que puede tomar uno de los valores posibles limitados. Por ejemplo, si un cliente abandonará o no (Sí/No), o predecir si un correo electrónico es spam o no (Spam/No spam).

1.3 ¿Cómo encaja el análisis de regresión en el análisis predictivo?

El análisis predictivo utiliza datos históricos para predecir resultados futuros. La esencia de este enfoque radica en identificar patrones o relaciones entre variables a partir de datos pasados para pronosticar cómo podrían comportarse o correlacionarse en el futuro. Y aquí es precisamente donde entra en juego el análisis de regresión.

El análisis de regresión, por naturaleza, está equipado para identificar relaciones entre variables, cuantificar su fuerza y utilizar estas correlaciones para construir modelos predictivos confiables. Esto lo convierte en una herramienta vital de análisis predictivo.

Beneficios :

- Es relativamente sencillo de entender y explicar.
- El análisis de regresión puede abordar múltiples funciones de entrada a la vez.
- Proporciona una medida cuantificada de la fuerza de la relación entre variables.

Desventajas :

- La regresión lineal supone una relación lineal entre variables que puede no ser siempre cierta.
- Es sensible a los valores atípicos y puede generar predicciones inexactas si el conjunto de datos contiene demasiados.

A pesar de sus limitaciones, el análisis de regresión sigue siendo una herramienta esencial en la caja de herramientas del análisis predictivo. Es una técnica relativamente simple pero poderosa para analizar datos pasados y descubrir patrones que pueden ser útiles para hacer predicciones precisas en diferentes áreas como negocios, atención médica y más.

Sin embargo, recuerde que, si bien el análisis de regresión puede descubrir relaciones y patrones, no establece una relación causa-efecto entre variables. Por lo tanto, se debe tener un alto grado de precaución al interpretar y actuar en base a los resultados de un análisis de regresión.

En la siguiente subsección, analizaremos otro método importante en análisis predictivo: los árboles de decisión. ¡Manténganse al tanto!

3.1 Análisis de regresión: un elemento básico en el análisis predictivo

El análisis de regresión es una herramienta fundamental bajo el paraguas del análisis predictivo, que sirve como base para comprender y cuantificar las relaciones entre diferentes variables. En esencia, busca predecir una variable dependiente en función del valor de al menos una variable independiente.

Descripción general

En su forma más simple, el análisis de regresión podría ser un modelo de regresión lineal, que intenta trazar una línea recta que se ajuste mejor a los puntos de datos disponibles. Esta línea representa una ecuación matemática donde la variable dependiente (por ejemplo, los ingresos por ventas) se puede estimar en función de las variables independientes (como el gasto en publicidad).

Principalmente, esta herramienta se utiliza para comprender cuáles de las variables independientes están relacionadas con la variable dependiente y para explorar las formas de estas relaciones. En situaciones más complejas, ayuda a predecir el futuro basándose en patrones formados en los datos.

Tipos de análisis de regresión

Existen muchos tipos de análisis de regresión, cada uno de los cuales tiene un propósito diferente y se adapta a una variedad de marcos de datos. Estos son los tipos principales:

- **Regresión lineal:** como tipo más simple, supone una relación lineal entre las variables dependientes e independientes. Calcula la línea de mejor ajuste utilizando el método de mínimos cuadrados.
- **Regresión múltiple:** cuando tiene más de una variable independiente, puede utilizar el modelo de regresión múltiple para predecir la variable dependiente.
- **Regresión logística:** se utiliza específicamente cuando la variable dependiente es binaria o categórica, como "sí" o "no".
- **Regresión polinómica:** se utiliza cuando la potencia de alguna variable independiente es superior a 1. Proporciona una línea curva para comprometerse con los puntos de datos.

Análisis de regresión y análisis predictivo

En el ámbito del análisis predictivo, el análisis de regresión tiene un valor incalculable. No solo permite la predicción de variables importantes, sino que también brinda la capacidad de crear información procesable basada en datos.

Por ejemplo, una empresa de comercio electrónico puede utilizar el análisis de regresión para predecir ventas futuras en función de puntos de datos como el historial de ventas, el tráfico del sitio web y la eficacia de la campaña de marketing. De manera similar, un instituto de atención médica podría usarlo para medir las tasas de reingreso de pacientes en función de patrones de ingreso anteriores, datos demográficos de los pacientes y protocolos de tratamiento.

Los modelos de regresión también se pueden utilizar para predecir métricas operativas clave, tendencias comerciales, pronósticos financieros y planificar una asignación eficiente de recursos. Además, aumenta los sistemas de aprendizaje automático con una capacidad predictiva mejorada.

Limitaciones y precauciones

Sin embargo, por muy poderoso que sea, el análisis de regresión conlleva algunas notas de advertencia. La precisión de los resultados depende de la calidad de los datos utilizados: si hay sesgos o asimetrías en los datos, pueden dar lugar a predicciones incorrectas. El uso correcto del análisis de regresión también implica comprobaciones de idoneidad, significancia y bondad de ajuste.

Además, es esencial señalar que el análisis de regresión sigue directamente el dicho "la correlación no implica causalidad". Aunque puede usarse para identificar correlaciones y relaciones, no proporciona prueba de una relación causal entre las variables independientes y dependientes.

Conclusión

A pesar de estas advertencias, el análisis de regresión es un caballo de batalla integral en el análisis predictivo. Si se utiliza cuidadosamente, puede proporcionar información valiosa sobre las complejas interdependencias de las variables, lo que permite a las organizaciones predecir resultados futuros y tomar decisiones más informadas.

3.1 Análisis de regresión: predecir resultados continuos

Una de las técnicas estadísticas más utilizadas en el análisis predictivo es el análisis de regresión. Los modelos de regresión se utilizan para predecir una variable dependiente continua o categórica basada en una o más variables independientes. El poder computacional de los modelos de regresión se basa en establecer la relación entre los predictores (variables independientes) y el resultado (variable dependiente), para poder hacer predicciones sobre datos invisibles.

Regresión lineal

La regresión lineal es un tipo común de análisis de regresión que cuantifica la relación entre una variable dependiente continua y una (regresión lineal simple) o más variables independientes (regresión lineal multivariable). El término "lineal" se refiere a la relación entre las variables independientes y dependientes, que se representa mediante una línea recta en un diagrama de dispersión. El objetivo es estimar los coeficientes de la ecuación matemática para minimizar la diferencia entre los valores reales y predichos.

Regresión logística

La regresión logística, un tipo de regresión binomial, es otro método popular utilizado en análisis predictivo. La salida es una probabilidad de que el punto de entrada dado pertenezca a una determinada clase. En otras palabras, mide la relación entre una variable dependiente categórica y una o más variables independientes estimando probabilidades mediante una función logística. Una ventaja importante de la regresión logística es que proporciona probabilidades y se adapta a la clasificación multiclase.

Regresión polinomial

La regresión polinómica es una forma de análisis de regresión en la que la relación entre la variable independiente y la variable dependiente se modela como un polinomio de enésimo grado. Esto puede modelar relaciones entre variables que no son lineales y pueden doblarse con los datos.

Un buen modelo de análisis predictivo no sólo debe ajustarse bien a los datos históricos, sino que también debe predecir con precisión eventos futuros. Un análisis de regresión adecuado debería terminar no sólo con la creación del modelo, sino también con probarlo y validarlo para garantizar una predicción sólida y confiable.

3.2 Modelos de series temporales: proyección del futuro

El análisis de series de tiempo implica el desarrollo de modelos que predicen valores futuros basándose en valores observados previamente. Los métodos se utilizan principalmente en la previsión financiera y económica, pero también en ingeniería, geofísica y neurociencia. Algunos de los métodos populares de análisis de series de tiempo incluyen la media móvil integrada autorregresiva (ARIMA) y el suavizado exponencial.

ARIMA

ARIMA, abreviatura de 'Promedio Móvil Integrado Autorregresivo', es en realidad una clase de modelos que 'explica' una serie de tiempo determinada basándose en sus propios valores pasados, es decir, sus propios retrasos, los errores de pronóstico retrasados y la tendencia del tiempo. serie. Es una extensión de la media móvil autorregresiva más simple y agrega la noción de integración.

Suavizado exponencial

Los métodos de suavizado exponencial son métodos de pronóstico de series temporales para datos univariados que utilizan un peso exponencialmente decreciente para observaciones pasadas. Este método implica calcular la media móvil donde los pesos disminuyen exponencialmente. Esto da más importancia a las observaciones recientes sin descartar por completo las observaciones más antiguas.

3.3 Aprendizaje automático: donde el análisis predictivo se une a la IA

El aprendizaje automático es la columna vertebral del análisis predictivo y ayuda a comprender patrones en grandes conjuntos de datos y predecir el comportamiento futuro de los datos. En el contexto del análisis predictivo, los algoritmos de aprendizaje automático se clasifican en aprendizaje supervisado y no supervisado.

Aprendizaje supervisado

En el aprendizaje supervisado, un algoritmo aprende de los datos de entrenamiento etiquetados y hace predicciones basadas en esos datos. Una tarea típica de aprendizaje supervisado es la clasificación, donde el algoritmo clasifica los datos en un conjunto predefinido de clases. Otra tarea es la regresión, cuyo objetivo es predecir un resultado numérico.

Aprendizaje sin supervisión

El aprendizaje no supervisado, por otro lado, implica entrenar un algoritmo sin información previa sobre los datos. Este algoritmo clasifica los datos en grupos. El método de aprendizaje no supervisado más común es el análisis de conglomerados, que se utiliza para el análisis exploratorio de datos para encontrar patrones ocultos o agrupar datos.

Desde los k vecinos más cercanos hasta las máquinas de vectores de soporte, y desde los árboles de decisión hasta las redes neuronales, cada algoritmo de aprendizaje automático tiene sus fortalezas y debilidades, y depende en gran medida del tipo de datos y del problema comercial a resolver.

El análisis predictivo es un campo vasto con diversos métodos y modelos. Estas herramientas y conceptos son simplemente instrumentos para el objetivo final: aprovechar los patrones pasados para lograr una comprensión profunda que permita tomar mejores decisiones sobre el futuro.

IV. El poder del análisis predictivo: descripción general

1. Comprender el análisis predictivo

El análisis predictivo es una rama del análisis avanzado que utiliza datos, algoritmos estadísticos y técnicas de aprendizaje automático para identificar la probabilidad de posibles resultados futuros basados en datos históricos. El objetivo es ir más allá de la información de lo ocurrido en el pasado para ofrecer la mejor aproximación a lo que sucederá en el futuro próximo. Esta poderosa herramienta reúne dos posibles técnicas de análisis de datos separadas pero interconectadas: el modelado predictivo y el aprendizaje automático.

2. La esencia del análisis predictivo

La esencia del análisis predictivo depende en gran medida de capturar las relaciones entre variables descriptivas y variables predichas de eventos anteriores, y explotarlas para predecir resultados futuros. Este proceso es beneficioso en una amplia gama de campos, incluido el marketing de Internet, los servicios financieros, los seguros, las telecomunicaciones, los viajes, la atención médica, los productos farmacéuticos, el comercio minorista y las redes sociales.

3. Proceso de análisis predictivo

El proceso de análisis predictivo es una serie de pasos que abarca datos estructurados y no estructurados a través de varios algoritmos estadísticos, de modelado y de aprendizaje automático para pronosticar eventos futuros. El proceso comienza con la definición del proyecto seguido de la recopilación de datos. Posteriormente, los datos se someten a análisis y se transforman en un modelo predictivo mediante técnicas como la regresión y los árboles de decisión. Luego, este modelo se implementa y monitorea periódicamente para garantizar que funcione como se espera.

4. Técnicas de Análisis Predictivo

Se utilizan varias técnicas en el análisis predictivo; estos incluyen aprendizaje automático (ML), redes neuronales artificiales (ANN), árboles de decisión, regresión, análisis de series temporales y otros. Cada técnica ofrece ventajas únicas y es adecuada para tipos específicos de tareas, desde métodos de votación hasta modelos predictivos no lineales.

5. Beneficios del análisis predictivo

El análisis predictivo ofrece una variedad de beneficios. Para las empresas, ayuda a mejorar las campañas de marketing, desarrollar mejores productos y mejorar las operaciones. Ayuda a detectar y prevenir riesgos en sectores como la ciberseguridad y la gestión del fraude. Incluso desempeña un papel fundamental en la atención sanitaria y las ciencias biológicas, ya que ayuda a los médicos a predecir la probabilidad de enfermedades, mejora la atención al paciente y ayuda en el descubrimiento de fármacos.

6. El impacto del Big Data en el análisis predictivo

Los enormes volúmenes de datos generados en múltiples plataformas han requerido avances en el análisis predictivo. Los macrodatos, con sus tres elementos centrales (volumen, velocidad y variedad), proporcionan una rica fuente de información para el análisis predictivo, lo que permite obtener conocimientos profundos para la toma de decisiones.

7. Análisis predictivo e inteligencia empresarial

La combinación de análisis predictivo y herramientas de inteligencia empresarial (BI) ayuda a las organizaciones a aprovechar sus datos para una toma de decisiones más informada. Al aplicar herramientas de BI a los modelos predictivos, las empresas pueden visualizar datos, realizar un seguimiento de métricas clave de rendimiento y generar informes para optimizar las operaciones y aumentar la rentabilidad.

8. Desafíos y limitaciones del análisis predictivo

A pesar de los numerosos beneficios, el análisis predictivo no está exento de limitaciones. La precisión de los resultados depende en gran medida de la calidad de los datos. La mala interpretación de los datos puede dar lugar a predicciones erróneas. Además, mantener la privacidad de los datos y garantizar el cumplimiento normativo también plantea desafíos importantes.

9. El futuro del análisis predictivo

El futuro del análisis predictivo es prometedor. La incorporación de IA y ML hará que los modelos predictivos sean más precisos. Se espera que aumenten las aplicaciones en tiempo real de análisis predictivo, lo que permitirá la toma de decisiones y acciones instantáneas.

En la era de las decisiones basadas en datos, aprovechar el poder del análisis predictivo permite a las organizaciones mirar hacia el futuro y tomar decisiones proactivas basadas en datos que conduzcan al éxito.

IV.1 Comprensión del análisis predictivo

El análisis predictivo es la práctica de extraer información de conjuntos de datos existentes para pronosticar probabilidades y tendencias futuras. Es una técnica estadística que incluye una variedad de algoritmos estadísticos, técnicas de aprendizaje automático y métodos analíticos para identificar la probabilidad de resultados futuros basados en los datos.

El análisis predictivo gira en torno al concepto de aprovechar el poder de los datos en formas cualitativas y cuantitativas. Lo logra identificando patrones y asociaciones consistentes en datos históricos y transaccionales para convertirlos en decisiones procesables. A diferencia del análisis tradicional, que solo proporciona información sobre lo sucedido, el análisis predictivo nos permite mirar hacia el futuro y tomar decisiones bien informadas.

IV.2 Aplicaciones del análisis predictivo

Predictive Analytics tiene una amplia gama de aplicaciones en diversas industrias.

- **Marketing:** las empresas utilizan modelos predictivos para prever el comportamiento y las preferencias de los clientes. Ayuda a planificar estrategias de marketing efectivas, mejorar la adquisición, la venta cruzada y la retención.
- **Finanzas y seguros:** lo utilizan para identificar transacciones fraudulentas y evaluar el riesgo en la suscripción de préstamos. Ayuda en la gestión de riesgos al predecir la probabilidad de que un cliente incumpla.
- **Atención sanitaria:** el análisis predictivo puede estimar la probabilidad de que los pacientes se enfermen y predecir los reingresos hospitalarios.
- **Fabricación:** los modelos predictivos pueden proyectar las necesidades de inventario y predecir fallas de maquinaria antes de que ocurran.

Estas aplicaciones son sólo la punta del iceberg, el análisis predictivo tiene un potencial ilimitado en cualquier campo que maneje grandes cantidades de datos, el cual está creciendo exponencialmente en estos días.

IV.3 El proceso de análisis predictivo

El proceso de análisis predictivo se puede dividir en varios pasos básicos:

1. Definir el proyecto: el primer paso consiste en definir el proyecto con un objetivo claro, su alcance e identificar las fuentes de datos.

2. Recopilación de datos: esto incluye la recopilación de datos relevantes de diversas fuentes que pueden incluir almacenes de datos, datos en la nube o fuentes directas.

3. Análisis de datos: en este paso, los datos recopilados se analizan estadísticamente para detectar tendencias, relaciones y patrones que pueden ser útiles para el modelado predictivo.

4. Construcción de modelos: se crean algoritmos para predecir tendencias futuras utilizando los datos interpretados.

5. Verificación y Validación: Luego, el modelo se prueba y valida con resultados conocidos para evaluar su precisión y eficacia.

6. Implementación: Luego, el modelo validado se implementa para predecir resultados futuros o en tiempo real.

7. Monitoreo: El desempeño del modelo se monitorea constantemente para garantizar que proporcione los resultados esperados.

IV.4 Poder del análisis predictivo

El análisis predictivo ha revolucionado los procesos de toma de decisiones en las empresas. Ha hecho que las conjeturas sean ineficaces, allanando el camino para decisiones respaldadas por datos. Desde la previsión de ventas hasta el mantenimiento predictivo, se ha utilizado para optimizar diversos procesos.

Con el poder del análisis predictivo, las empresas pueden pronosticar tendencias de ventas futuras, comprender el comportamiento de los clientes, optimizar las operaciones, reducir los riesgos, mejorar las estrategias de marketing y ofrecer un mejor servicio. Permite a las empresas volverse proactivas, con visión de futuro y orientadas al rendimiento.

Sin embargo, por muy potente que pueda ser el análisis predictivo, no anula el juicio humano, sino que lo refuerza al proporcionar conocimientos mejores y más precisos. Es importante comprender que incluso la predicción más precisa no es una garantía sino una estimación bien calibrada.

IV.5 El futuro del análisis predictivo

El análisis predictivo se está expandiendo a un ritmo rápido con avances en tecnologías como la inteligencia artificial, el aprendizaje automático y los big data. El futuro del análisis predictivo parece prometedor a medida que las empresas utilizan cada vez más datos para impulsar sus estrategias y tomar decisiones informadas. A medida que más sectores comprendan la importancia del análisis predictivo, se espera que crezca la gama de sus aplicaciones, convirtiéndola en una herramienta indispensable en el mundo impulsado por los datos.

Recuerde, el análisis predictivo no es una bola de cristal mágica que garantiza resultados futuros, pero, sin duda, posiciona mejor a las empresas para futuras incertidumbres al reducir los riesgos y permitir una toma de decisiones eficaz.

Los fundamentos y la importancia del análisis predictivo

El análisis predictivo es un método analítico avanzado y dinámico. En marcado contraste con el análisis de datos tradicional que analiza datos históricos, el análisis predictivo asume un enfoque proactivo y se basa en los mismos datos para predecir eventos futuros desconocidos. Este enfoque ofrece posibilidades notables para las empresas, ya que pueden utilizar estas predicciones para tomar mejores decisiones, crear estrategias proactivas y obtener una ventaja competitiva.

El análisis predictivo se basa en gran medida en diversas técnicas, como la minería de datos, las estadísticas, el aprendizaje automático y la inteligencia artificial, para examinar datos actuales e históricos y predecir lo que probablemente sucederá en el futuro. Al hacerlo, permite a las partes interesadas ver tendencias y comportamientos futuros, lo que podría ser crucial en un escenario empresarial. Los usos potenciales del análisis predictivo se extienden a numerosas industrias, como la atención médica, el comercio minorista, las finanzas y la administración pública, entre otras.

Elementos clave del análisis predictivo

El análisis predictivo es un proceso complejo que requiere una serie de pasos diferentes pero interconectados. En el centro de todo, los siguientes elementos desempeñan un papel vital:

1. **Recopilación de datos:** la precisión y confiabilidad de las predicciones dependen en gran medida de la calidad y cantidad de datos disponibles. Las empresas deben recopilar la mayor cantidad de datos relevantes posible.
2. **Análisis de datos:** este proceso analiza y evalúa los datos recopilados, identificando patrones, relaciones y tendencias que podrían existir dentro de los datos.
3. **Análisis estadístico:** en este paso, los matemáticos aplican algoritmos estadísticos a los datos para identificar las diferentes variables que contienen.
4. **Modelado:** el análisis estadístico conduce a la creación de modelos que reflejan el comportamiento futuro potencial de un conjunto de datos.
5. **Implementación:** los modelos se utilizan con datos nuevos para hacer predicciones sobre tendencias futuras.
6. **Evaluación de modelos:** los modelos se monitorean y actualizan continuamente cuando es necesario para mantener las predicciones lo más precisas posible.

Aprovechar el poder del análisis predictivo

El análisis predictivo tiene un gran potencial para que las empresas impulsen el crecimiento de los ingresos y optimicen sus operaciones. Estos son algunos de los beneficios que las empresas pueden aprovechar al incorporar análisis predictivos en sus estrategias:

1. **Mejorar la toma de decisiones:** los modelos predictivos ayudan a las empresas a tomar decisiones bien informadas basadas en datos precisos y reveladores. Este enfoque mejora el proceso de toma de decisiones al reducir las conjeturas y la incertidumbre.
2. **Anticipar tendencias y comportamientos:** permite a las empresas ser proactivas en lugar de reactivas al anticipar las tendencias del mercado, el comportamiento de compra de los consumidores y prever riesgos u oportunidades potenciales.
3. **Impulsar la eficiencia operativa:** el análisis predictivo puede ayudar a optimizar diversas operaciones comerciales, como la gestión de inventario, la logística o la fuerza laboral. Al pronosticar las tendencias futuras de la demanda o la oferta, las empresas pueden gestionar los recursos de manera más eficiente.
4. **Mejora de las campañas de marketing:** los especialistas en marketing pueden aprovechar el análisis predictivo para comprender mejor el comportamiento y las preferencias de los clientes, lo que les permite crear campañas de marketing personalizadas que tienen más probabilidades de generar altas tasas de conversión.
5. **Mitigación de riesgos:** las instituciones financieras pueden utilizar análisis predictivos para evaluar los riesgos crediticios o la probabilidad de incumplimiento del préstamo de un cliente, mejorando así sus capacidades de gestión de riesgos.

En conclusión, el análisis predictivo ofrece a las empresas numerosas posibilidades para alcanzar sus objetivos y mantenerse un paso por delante en el mercado. Al convertir los datos en conocimientos predictivos, pueden desbloquear un crecimiento y un valor imprevisibles. A pesar de sus complejidades, los ricos beneficios que ofrece lo convierten en una opción más inteligente, haciendo del análisis predictivo una herramienta por excelencia en el panorama empresarial actual. A medida que más empresas aprovechen el poder del análisis predictivo, podemos esperar transformaciones radicales en varios sectores.

IV.1 Comprender la esencia del análisis predictivo

El análisis predictivo es una rama del análisis avanzado que aprovecha una multitud de herramientas tecnológicas y técnicas estadísticas, como el aprendizaje automático y el modelado predictivo, para hacer predicciones sobre eventos futuros desconocidos en cualquier dominio determinado. El propósito del análisis predictivo no es sólo comprender lo que ha sucedido o lo que está sucediendo actualmente, sino, más importante aún, prever lo que podría suceder a continuación.

El análisis predictivo se basa en tres pilares importantes: datos, algoritmos estadísticos y técnicas de aprendizaje automático. Examina cantidades masivas de datos, extrayéndolos de diversas fuentes, como datos actuales e históricos, y los combina con algoritmos estadísticos y técnicas de aprendizaje automático para identificar las probabilidades de resultados futuros. Una vez descifradas, las predicciones basadas en datos permiten a las organizaciones validar suposiciones o plantear nuevas preguntas sobre el futuro, lo que ayuda a la toma de decisiones y la elaboración de estrategias proactivas.

El verdadero poder del análisis predictivo radica en su capacidad de proporcionar información procesable basada en datos. Al aprovechar el análisis predictivo, las organizaciones pueden anticipar tendencias emergentes, predecir el comportamiento de los usuarios, estimar riesgos potenciales y desbloquear conocimientos para impulsar estrategias comerciales, fomentando un enfoque con visión de futuro. En particular, el análisis predictivo no solo identifica posibilidades sino que también señala el nivel de certeza en sus predicciones, lo que permite a las organizaciones tomar decisiones más informadas y basadas en datos.

IV.2 Alcance e impacto del análisis predictivo

Predictive Analytics tiene una amplia aplicabilidad en varios sectores industriales, incluidos atención médica, finanzas, comercio minorista, viajes, telecomunicaciones, energía y más, dando forma estratégica a sus operaciones y procesos de toma de decisiones.

En el sector sanitario, por ejemplo, el análisis predictivo se puede utilizar para predecir brotes de enfermedades y reingresos de pacientes, permitiendo así una mejor planificación y administración de la atención sanitaria. De manera similar, en las finanzas y el comercio minorista, las organizaciones utilizan análisis predictivos para evaluar los hábitos de compra de los consumidores, pronosticar la demanda, minimizar el riesgo y mejorar la experiencia del cliente.

Además de la optimización operativa, el análisis predictivo es fundamental para identificar riesgos y fraudes. A través de la detección de anomalías y el análisis de redes, puede detectar irregularidades, patrones inusuales o actividades sospechosas, lo que brinda beneficios críticos en sectores como la banca, los seguros, la ciberseguridad e incluso las entidades gubernamentales.

Además, el análisis predictivo también juega un papel clave en la gestión de recursos. Al predecir la demanda, las organizaciones pueden optimizar el inventario, reduciendo así significativamente los costos. Del mismo modo, en la gestión de recursos humanos, el análisis predictivo ayuda a identificar los rasgos de los empleados exitosos, lo que permite una contratación más inteligente y eficaz.

IV.3 La evolución del análisis predictivo

El alcance del análisis predictivo se ha ampliado enormemente con la llegada del Big Data y las tecnologías de procesamiento mejoradas. Hoy en día, el análisis predictivo es parte de un sistema más amplio: Business Intelligence (BI). Junto con el análisis descriptivo y prescriptivo, el análisis predictivo ofrece a las organizaciones una comprensión de 360 grados de sus operaciones y el entorno empresarial, dando forma a un modelo de negocio centrado en datos.

De cara al futuro, la creciente integración de la Inteligencia Artificial (IA) y el Aprendizaje Automático (ML) mejorará aún más la precisión y la velocidad de las predicciones, fortaleciendo así el papel del análisis predictivo en la toma de decisiones y la planificación estratégica.

IV.4 Desafíos y futuro del análisis predictivo

Si bien el análisis predictivo ofrece grandes beneficios, también plantea desafíos, como la privacidad y seguridad de los datos, la calidad e integración de los datos y la implementación de resultados. Abordar estos problemas exige planificación estratégica y un cambio de cultura empresarial.

Sin embargo, el futuro del análisis predictivo parece prometedor. A medida que las organizaciones continúen adentrándose más en el universo basado en datos, sin duda se intensificará la dependencia del análisis predictivo. Los avances tecnológicos más audaces en campos como la IA, el aprendizaje automático y la computación en la nube seguirán enriqueciendo el análisis predictivo, convirtiéndolo en la piedra angular de los modelos de negocio futuristas centrados en datos y de la sociedad en general.

IV.1 Comprensión del análisis predictivo

El análisis predictivo es un método que utiliza algoritmos estadísticos y técnicas de aprendizaje automático para evaluar datos históricos, predecir resultados futuros y comprender posibles tendencias futuras. Es un aspecto del análisis de datos orientado a hacer predicciones sobre eventos futuros invisibles o no observados.

Este enfoque se basa en capturar las relaciones entre las variables explicativas y las variables métricas que están considerando para predicciones futuras. Estas capturas se realizan mediante el uso de modelos, que se construyen a partir de datos históricos. Una vez que se construye un modelo predictivo, se puede aplicar a los datos actuales para predecir lo que sucederá a continuación.

El análisis predictivo puede generar inmensos beneficios en diversas industrias, desde la atención médica y el marketing hasta las finanzas y el comercio minorista. Permiten a las organizaciones crear pronósticos que pueden ayudarlas a dar forma a sus acciones y decisiones estratégicas.

IV.1.1 Las cuatro etapas del análisis predictivo

1. **Recopilación de datos:** este es el proceso de recopilar datos sin procesar de diversas fuentes, que podrían incluir bases de datos, almacenes de datos o

fuentes externas de terceros. Estos datos sin procesar sientan las bases para análisis y predicciones adicionales.
2. **Análisis de datos:** una vez que se recopilan los datos, el siguiente paso es limpiarlos, procesarlos y analizarlos. El objetivo es descubrir patrones o tendencias que podrían proporcionar información útil sobre resultados futuros.
3. **Análisis estadístico:** esta tercera etapa implica la creación de un modelo predictivo basado en los datos recopilados y analizados. Utiliza algoritmos, probabilidad y métodos estadísticos para desarrollar un modelo que podría usarse para hacer predicciones.
4. **Modelado predictivo:** la etapa final del análisis predictivo implica el uso del modelo predictivo para hacer predicciones sobre resultados futuros. Este proceso ayuda a las organizaciones a tomar decisiones comerciales informadas.

IV.1.2 Herramientas y técnicas utilizadas en Análisis Predictivo

En el análisis predictivo se utilizan varias herramientas para manejar grandes cantidades de datos y algoritmos complejos. Las plataformas de software como R, Python, SPSS y SAS ofrecen funciones para la manipulación, visualización e implementación de algoritmos de datos necesarios para el análisis predictivo.

Además, las técnicas utilizadas en el análisis predictivo incluyen regresiones lineales, regresiones logísticas, árboles de decisión y redes neuronales. La naturaleza de los datos, la industria y el objetivo de la predicción determinan la elección de estas técnicas.

IV.1.3 Aplicaciones del análisis predictivo

Su potencial abarca una amplia gama de industrias donde se producen datos enriquecidos. Por ejemplo, en el sector sanitario, el análisis predictivo podría proporcionar diagnósticos y tratamientos tempranos de enfermedades. En finanzas, podría ayudar a predecir los movimientos del precio de las acciones o evaluar el riesgo crediticio.

El sector minorista lo utiliza para predecir el comportamiento de los clientes y adaptar sus estrategias para impulsar las ventas. La industria del marketing lo utiliza para predecir la eficiencia de las campañas de marketing y realizar las modificaciones necesarias para mejorar los resultados.

A pesar de los desafíos en la calidad de los datos y la habilidad necesaria para interpretarlos y utilizarlos de manera efectiva, con las herramientas adecuadas y el personal capacitado, el análisis predictivo puede proporcionar información clave que puede impulsar un negocio hacia adelante. Es una herramienta potente que ha remodelado varias industrias y, con la llegada de big data y algoritmos más avanzados, continúa expandiendo su ámbito de influencia.

Sin embargo, es importante recordar que el análisis predictivo no se trata de predecir el "futuro", sino de estimar resultados potenciales. Su objetivo no es ofrecer predicciones absolutas y deterministas, sino brindar a los usuarios suficiente información para evaluar cuál debería ser su próxima acción. Reduce el ámbito de la incertidumbre, lo que permite a las empresas maniobrar sabiamente y capitalizar oportunidades futuras.

V. Papel del análisis predictivo en diversas industrias

5.1 El impacto del análisis predictivo en la industria sanitaria

El análisis predictivo ha sido cada vez más importante en el sector de la salud, ya que ayuda a los proveedores a predecir los resultados de los pacientes, gestionar los tratamientos y tomar decisiones mejor informadas. Se aplica en una amplia gama de áreas que incluyen el manejo de enfermedades, la gestión hospitalaria, la satisfacción del paciente y la formulación de políticas de atención médica.

Los proveedores de atención médica utilizan análisis predictivos para identificar a las personas que corren riesgo de padecer enfermedades crónicas como diabetes y enfermedades cardíacas. Utilizan datos recopilados de registros médicos electrónicos, pruebas de laboratorio y exámenes físicos para pronosticar riesgos de enfermedades individuales. Como resultado, los médicos pueden intervenir tempranamente y tomar medidas preventivas, mejorando los resultados de salud del paciente y reduciendo los costos de atención médica.

Además, el análisis predictivo también se utiliza en la gestión hospitalaria. Ayuda a predecir las tasas de admisión de pacientes, lo que permite a los hospitales optimizar la asignación de personal, reducir el tiempo de espera de los pacientes y mejorar la prestación de atención médica. También ayuda a pronosticar el reingreso de los pacientes, lo cual es crucial para la planificación de recursos y la reducción de las sanciones por reingreso hospitalario.

Además, las organizaciones sanitarias también utilizan análisis predictivos para mejorar la satisfacción del paciente. Analizan encuestas de satisfacción del paciente, reseñas en línea y publicaciones en redes sociales para identificar factores que contribuyen a la satisfacción del paciente. Al abordar los problemas que causan insatisfacción, los proveedores de atención médica pueden mejorar la experiencia del paciente y fomentar su lealtad.

El análisis predictivo también desempeña un papel crucial en la formulación de políticas sanitarias. Los formuladores de políticas utilizan modelos predictivos para estimar el efecto de los cambios de políticas en la prestación y los resultados de la atención médica, lo que les ayuda a tomar mejores decisiones en materia de atención médica. Pueden evaluar la rentabilidad de diferentes intervenciones de atención médica y diseñar políticas que maximicen los beneficios de la atención médica y minimicen los costos.

5.2 Potenciando los servicios financieros con análisis predictivo

El análisis predictivo también ha cambiado las reglas del juego en la industria de servicios financieros. Desde predecir tendencias del mercado hasta gestionar riesgos, el análisis predictivo proporciona una ventaja competitiva a las instituciones financieras al ayudarlas a tomar decisiones basadas en datos.

Las empresas de inversión utilizan análisis predictivos para pronosticar las tendencias del mercado. Analizan datos económicos, métricas de desempeño de la empresa y fuentes de noticias para predecir los precios de las acciones y tomar decisiones de inversión. Hoy en día, muchas empresas utilizan algoritmos comerciales automatizados que se basan en análisis predictivos para ejecutar operaciones en tiempo real.

Además, el análisis predictivo se utiliza ampliamente en la calificación crediticia. Los bancos y las compañías de tarjetas de crédito analizan el historial financiero de un individuo para predecir su probabilidad de incumplimiento. Las predicciones ayudan a las empresas a decidir si aprueban una solicitud de préstamo y fijan las tasas de interés.

La gestión de riesgos es otra área donde se utiliza el análisis predictivo en el sector financiero. Las instituciones financieras utilizan modelos predictivos para pronosticar los riesgos de la cartera y diseñar estrategias adecuadas de mitigación de riesgos. En seguros, el análisis predictivo se utiliza para calcular las primas de seguro en función del perfil de riesgo del solicitante, mejorando la rentabilidad de las pólizas de seguro.

5.3 Análisis predictivo en el comercio minorista y el comercio electrónico

El análisis predictivo también ha remodelado la industria minorista y del comercio electrónico. Ayuda a las empresas a pronosticar la demanda de los consumidores, optimizar la cadena de suministro, personalizar la experiencia del cliente y mejorar la rentabilidad.

Los minoristas utilizan análisis predictivos para pronosticar la demanda de diferentes productos por parte de los consumidores. Analizan datos históricos de ventas, tendencias actuales e investigaciones de mercado para garantizar niveles óptimos de existencias. Con una previsión precisa de la demanda, los minoristas pueden evitar desabastecimientos y excesos de existencias, reduciendo los costos de inventario y mejorando la satisfacción del cliente.

El análisis predictivo también desempeña un papel fundamental en la gestión de la cadena de suministro. Ayuda a predecir retrasos en la cadena de suministro y diseñar planes de contingencia, garantizando operaciones optimizadas y entregas a tiempo.

Además, el análisis predictivo se utiliza para personalizar la experiencia del cliente. Los minoristas analizan el comportamiento de los clientes, el historial de compras y los comentarios para predecir sus preferencias de productos y hábitos de compra. Luego utilizan estos conocimientos para personalizar los mensajes de marketing y las recomendaciones de productos, mejorando la participación del cliente e impulsando las ventas.

Por último, el análisis predictivo ayuda a los minoristas a mejorar la rentabilidad. Al analizar los datos de ventas, los costos de los productos y otras métricas financieras, los minoristas pueden predecir la rentabilidad de diferentes productos y tomar decisiones de promoción y precios basadas en datos, maximizando su retorno de la inversión.

5.4 Aprovechamiento del análisis predictivo en la fabricación

La adopción de análisis predictivos en el sector manufacturero ha allanado el camino para avances significativos. Permite a los fabricantes predecir fallas de las máquinas, optimizar los procesos de producción, gestionar la cadena de suministro y tomar decisiones comerciales informadas.

El mantenimiento predictivo es una de las aplicaciones clave del análisis predictivo en la fabricación. Los fabricantes analizan los datos de los sensores de la maquinaria para predecir fallas en los equipos y programar actividades de mantenimiento, reduciendo el tiempo de inactividad y los costos de mantenimiento.

Además, el análisis predictivo ayuda a optimizar el proceso de fabricación. Al analizar los datos de producción, los fabricantes pueden pronosticar los resultados de producción, identificar cuellos de botella y mejorar la eficiencia. También puede ayudar en el control de calidad al predecir defectos del producto y permitir acciones correctivas oportunas.

El análisis predictivo también se utiliza en la gestión de la cadena de suministro. Los fabricantes analizan datos históricos y tendencias actuales para pronosticar la oferta y la demanda, lo que les permite gestionar el inventario, planificar la producción y garantizar entregas oportunas.

Por último, el análisis predictivo ayuda a la toma de decisiones empresariales. Los fabricantes pueden analizar datos de ventas, tendencias del mercado y métricas financieras para tomar decisiones sobre el precio de los productos, la entrada al mercado y la expansión comercial.

5.5 El análisis predictivo impulsa el futuro del sector educativo

El análisis predictivo también está avanzando en el sector educativo. Desde predecir el desempeño de los estudiantes hasta mejorar el proceso de enseñanza y optimizar la eficiencia operativa, está transformando la forma en que funciona el sector educativo.

Las instituciones utilizan cada vez más análisis predictivos para predecir el desempeño de los estudiantes. Al analizar la asistencia de los estudiantes, las métricas de participación y los datos de desempeño pasado, los educadores pueden identificar a los estudiantes en riesgo de tener un bajo rendimiento o abandonar sus estudios. La identificación temprana permite una intervención oportuna que puede ayudar a mejorar los resultados de los estudiantes y reducir las tasas de deserción escolar.

Además, se están utilizando análisis predictivos para informar y mejorar las metodologías de enseñanza. Por ejemplo, los educadores pueden utilizar datos para comprender qué estilos y estrategias de enseñanza son más efectivos y adaptar sus prácticas docentes en consecuencia, mejorando las experiencias de aprendizaje de los estudiantes.

El análisis predictivo también ayuda en tareas operativas como optimizar el proceso de admisión. Las instituciones pueden utilizar modelos predictivos para comprender qué solicitantes tienen probabilidades de aceptar ofertas de admisión, garantizando una asignación eficiente de recursos. Además, pronosticar las tendencias en la inscripción puede ayudar a las instituciones a diseñar estrategias para futuras ofertas académicas y planificación de infraestructura.

En resumen, con el poder del análisis predictivo, estas diversas industrias están aprovechando los datos para pronosticar tendencias futuras, optimizar sus operaciones y tomar decisiones estratégicas. Al aprovechar el poder del análisis predictivo, estas industrias no sólo mejoran su eficiencia y eficacia, sino que también obtienen una ventaja competitiva en el mercado.

A. Atención sanitaria

El análisis predictivo desempeña un papel muy importante en la industria de la salud. Los profesionales de la salud utilizan análisis predictivos para predecir epidemias, curar enfermedades, mejorar la calidad de vida y evitar muertes evitables. Dado que el volumen de datos de salud aumenta a un ritmo muy rápido, el análisis predictivo puede ayudar a darle sentido a estos datos y proporcionar información útil.

El análisis predictivo en la atención sanitaria puede implicar la predicción de enfermedades, pacientes que están cerca de sufrir cualquier tipo de enfermedad, predicción de cuándo podría ocurrir una enfermedad, asistencia en el examen de la salud del paciente, decisión sobre procesos clínicos y seguimiento regular de la salud del paciente. . Este enfoque proporciona un diagnóstico de enfermedades más rápido, mejores resultados para los pacientes, tratamientos rentables y una mejor calidad de la atención.

Por ejemplo, utilizando datos históricos sobre la progresión de una enfermedad particular en pacientes con una composición genética y un estilo de vida similares, los profesionales de la salud pueden predecir cómo progresará una enfermedad en un nuevo paciente. Esta información se puede utilizar para personalizar el tratamiento de cada paciente, lo que en última instancia conduce a mejores resultados de salud.

B. Venta al por menor

Otra industria donde el análisis predictivo juega un papel crucial es el comercio minorista. Los minoristas utilizan análisis predictivos para comprender mejor a sus clientes, predecir el comportamiento de los mismos, optimizar los precios, planificar y pronosticar el inventario y gestionar la cadena de suministro.

Los minoristas utilizan análisis predictivos para anticipar las necesidades y deseos de sus clientes y personalizar su experiencia con el objetivo de aumentar las ventas y la lealtad de los consumidores. Por ejemplo, el análisis predictivo se puede utilizar para analizar las compras anteriores de un cliente y su comportamiento de navegación para recomendar productos que probablemente le interesen.

Además, el análisis predictivo permite a los minoristas optimizar su inventario al predecir con precisión la demanda de varios productos en diferentes momentos. Esto condujo a menos desabastecimientos y excesos de existencias, lo que en última instancia redujo los costos y aumentó la satisfacción del cliente.

C. Finanzas y Banca

En el sector bancario y financiero, el análisis predictivo se implementa en la evaluación de riesgos, la detección de fraude, el marketing, la retención de clientes y sirve para mejorar la experiencia general del cliente. Los bancos utilizan modelos predictivos para predecir la probabilidad de incumplimiento de préstamos individuales y determinar su puntuación de riesgo crediticio. Los bancos también implementan análisis predictivos en sus flujos de trabajo para detectar comportamientos inusuales que podrían indicar actividad fraudulenta.

Las empresas de inversión suelen utilizar análisis predictivos para pronosticar las tendencias del mercado e informar sus estrategias de inversión. Al analizar los datos históricos del mercado, las empresas pueden hacer predicciones informadas sobre los movimientos futuros del mercado y ajustar sus estrategias de inversión en consecuencia.

D. Fabricación

Las empresas manufactureras utilizan análisis predictivos para pronosticar la demanda, planificar la producción, la eficiencia operativa, reducir costos, gestionar las cadenas de suministro y mantener la calidad.

El mantenimiento predictivo también es una aplicación importante del análisis predictivo en la fabricación. Las empresas pueden predecir cuándo es probable que falle un equipo y pueden realizar el mantenimiento con antelación para evitar costosos tiempos de inactividad.

E. Telecomunicaciones

En la industria de las telecomunicaciones, el análisis predictivo ayuda a la segmentación de clientes, a reducir la pérdida de clientes, al mantenimiento predictivo, a optimizar la calidad de la red y a mejorar la experiencia del cliente.

En un intento por reducir la deserción, las empresas de telecomunicaciones pueden predecir qué clientes probablemente cambiarán a un operador diferente para tomar medidas proactivas para retener a esos clientes. Además, se puede pronosticar la demanda esperada, lo que lleva a una planificación inteligente de la capacidad y optimización de la red.

F. Energía y servicios públicos

El análisis predictivo también ha logrado avances significativos en el sector energético. Las empresas de energía utilizan estas herramientas para pronosticar la demanda, optimizar el rendimiento de la red, predecir fallas de equipos y tomar decisiones informadas sobre la producción de energía.

El análisis predictivo permite a las empresas de servicios públicos gestionar sus recursos de forma más eficaz al predecir patrones de consumo. También puede ayudar a identificar problemas potenciales antes de que ocurra una falla, reduciendo el tiempo de inactividad y los costos de mantenimiento.

Cada una de estas industrias tiene su conjunto único de desafíos que el análisis predictivo puede abordar. Por lo tanto, el potencial del análisis predictivo para mejorar la toma de decisiones, reducir costos y optimizar el rendimiento es inmenso y industrias de todo el espectro pueden beneficiarse de él. La clave para aprovechar el poder del análisis predictivo radica en comprender qué preguntas hacer, qué datos utilizar y cómo interpretar los resultados.

Análisis predictivo en la atención sanitaria: un enfoque revolucionario

La industria de la salud representa uno de los sectores más vitales donde el análisis predictivo puede desempeñar un papel revolucionario. Las enormes cantidades de datos generados en la atención sanitaria (desde registros de pacientes hasta información genética compleja) presentan un enorme potencial para el análisis predictivo.

Atención mejorada al paciente

En primer lugar, el análisis predictivo puede mejorar significativamente la atención al paciente. Puede ayudar a los médicos a predecir los factores de riesgo de enfermedades, permitiendo intervenciones más tempranas que podrían prevenir problemas de salud graves. Por ejemplo, al analizar el historial médico, los hábitos de estilo de vida y los factores genéticos de un paciente, un algoritmo podría predecir su probabilidad de desarrollar una enfermedad crónica, como diabetes o enfermedad cardíaca. Armados con esta información, los médicos pueden adaptar las medidas preventivas y los tratamientos a las necesidades individuales del paciente, desde recomendar modificaciones en el estilo de vida hasta iniciar terapias farmacéuticas.

Eficiencia operativa mejorada

La optimización de la eficiencia operativa es otra ventaja que las instituciones sanitarias pueden obtener del análisis predictivo. Los hospitales generan una gran cantidad de datos a partir de sus actividades operativas, como tasas de admisión de pacientes, uso de equipos, horarios del personal y sus cadenas de suministro. El análisis de estos datos puede revelar patrones y tendencias que pueden ayudar a los administradores a mejorar la asignación de recursos, reducir el desperdicio, aumentar la satisfacción del paciente y, en última instancia, aumentar la eficiencia general del sistema de atención médica.

Toma de decisiones informada

Además, el análisis predictivo puede guiar a los responsables de políticas y administradores de atención médica a tomar decisiones informadas. Al predecir las tendencias futuras de la atención sanitaria, incluidos los brotes de enfermedades y la demanda de atención sanitaria, los responsables de la formulación de políticas pueden prepararse adecuadamente para estos escenarios y crear estrategias eficaces. Por ejemplo, durante la pandemia de COVID-19, se utilizó análisis predictivo para pronosticar las tasas de infección, lo que guió las decisiones sobre medidas de bloqueo, asignación de recursos hospitalarios y distribución de vacunas.

Desarrollo de fármacos y medicina personalizada

Además, el análisis predictivo puede transformar el sector farmacéutico al agilizar el desarrollo de fármacos y allanar el camino para la medicina personalizada. Mediante el análisis de los datos de los ensayos clínicos, se pueden mejorar significativamente la duración, el costo y la tasa de éxito del desarrollo de nuevos medicamentos. Mientras tanto, al examinar la información genética del paciente y sus respuestas a ciertos medicamentos, se pueden establecer tratamientos personalizados con mayor probabilidad de éxito, minimizando los efectos secundarios y mejorando las tasas de supervivencia.

Predicciones de salud mental

El análisis predictivo también extiende sus beneficios al campo de la salud mental. Las enfermedades de salud mental como la depresión, la ansiedad y la esquizofrenia pueden resultar difíciles de diagnosticar con precisión. A través del análisis predictivo, la potenciación de algoritmos de aprendizaje automático con datos históricos de pacientes puede identificar patrones que pueden pronosticar condiciones de salud mental y permitir intervenciones tempranas que potencialmente salven vidas.

Sin duda, el análisis predictivo puede impulsar mejoras considerables en muchas facetas de la industria de la salud. Sin embargo, las consideraciones éticas y de privacidad siempre deben estar a la vanguardia al implementar cualquier solución basada en datos en la atención médica. A medida que continuamos aprovechando el poder de los datos para obtener conocimientos futuros, garantizar la confianza de los pacientes y mantener su dignidad debe seguir siendo primordial.

5.1 Atención sanitaria

No se puede subestimar el papel del análisis predictivo en la atención sanitaria. Ha transformado la idea de la medicina personalizada en una realidad al promover la toma de decisiones clínicas basada en datos, mejorar las experiencias de los pacientes y reducir los costos de atención médica. En particular, los modelos predictivos han facilitado la identificación de poblaciones de pacientes de alto riesgo, a menudo en relación con enfermedades crónicas graves como enfermedades cardíacas, diabetes y cáncer.

Mediante la aplicación de análisis predictivo, los administradores de atención médica pueden analizar registros médicos electrónicos (EHR), datos de imágenes médicas, datos genéticos e incluso datos de redes sociales relacionados con la salud para estratificar el riesgo. Esto es de inmenso valor para los proveedores de atención médica, dado que el 5% de la población de pacientes generalmente representa alrededor del 50% de los costos de atención médica. Identificar a estos pacientes antes de que ocurran eventos adversos no sólo podría salvar vidas sino también enormes costos.

Además, las organizaciones sanitarias aprovechan cada vez más el análisis predictivo para garantizar una asignación eficiente de recursos. Por ejemplo, gestionar el flujo y reflujo de las admisiones de pacientes para garantizar niveles óptimos de ocupación y dotación de personal. La aplicación de análisis predictivos en los reingresos hospitalarios también ha comenzado a ganar terreno: la capacidad de predecir qué pacientes tienen un mayor riesgo de regresar a un hospital dentro de los 30 días posteriores a su alta podría reducir significativamente las tasas de reingreso y las sanciones correspondientes.

5.2 Comercio minorista

La industria minorista ha sido una de las primeras en adoptar el análisis predictivo, y muchas organizaciones comprenden el potencial que reside en los miles de millones de puntos de datos que recopilan. En esencia, el análisis predictivo ayuda a los minoristas a comprender y predecir el comportamiento de los clientes. Este poder predictivo puede informar una variedad de decisiones estratégicas, como qué productos almacenar, cuáles descontar, cómo personalizar ofertas e incluso cuándo enviar mensajes de marketing.

Equipados con datos históricos de transacciones, datos demográficos y datos de comportamiento en las redes sociales, los minoristas pueden predecir tendencias futuras, realizar análisis de la cesta de la compra y más. Esto no sólo ayuda a ofrecer una experiencia de compra personalizada a sus clientes, sino que también aumenta la eficiencia operativa y la rentabilidad.

Uno de los casos de uso más populares del análisis predictivo en el comercio minorista es la previsión de la demanda. Al predecir con precisión la demanda de diferentes productos en diferentes momentos y ubicaciones, los minoristas pueden optimizar los niveles de inventario, reducir el desabastecimiento y el exceso de existencias y aumentar las tasas de rotación.

5.3 Finanzas

En el sector financiero, el análisis predictivo se utiliza para evaluar el riesgo crediticio, detectar transacciones fraudulentas, maximizar las ventas cruzadas y adicionales, predecir el rendimiento de las acciones y optimizar las estrategias comerciales.

La evaluación de riesgos es potencialmente una de las aplicaciones más valiosas del análisis predictivo en este sector. Las instituciones financieras pueden utilizar modelos predictivos para calificar y clasificar a los prestatarios potenciales según su probabilidad de incumplir el pago de un préstamo, mejorando así su capacidad para mitigar el riesgo y disminuir las pérdidas.

En el área de detección de fraude, el análisis predictivo puede identificar patrones y anomalías que podrían sugerir un comportamiento fraudulento, evitando así pérdidas antes de que ocurran. Además, el análisis predictivo puede informar las estrategias de inversión al pronosticar las tendencias del mercado y brindar información sobre el desempeño futuro basándose en datos históricos.

5.4 Fabricación

El sector manufacturero ha sido tradicionalmente reactivo en lo que respecta al mantenimiento: las máquinas se reparan o reemplazan después de que han fallado. El análisis predictivo tiene el potencial de cambiar este paradigma con la ayuda del mantenimiento predictivo. Esto implica el uso de datos de sensores para predecir fallas en los equipos antes de que ocurran, dando tiempo para tomar medidas preventivas. Este cambio no sólo aumenta la eficiencia operativa sino que también genera importantes ahorros de costos, ya que las paradas no planificadas en la fabricación pueden resultar extremadamente costosas.

El análisis predictivo también puede agregar valor al proceso de fabricación al optimizar la cadena de suministro. Desde la previsión de la demanda, la gestión del inventario hasta la planificación de rutas, el análisis predictivo puede aumentar la eficiencia, reducir los costos e incluso reducir el impacto ambiental.

Las implicaciones de privacidad, las limitaciones de asequibilidad, la aceptación de las partes interesadas y la calidad de los datos se encuentran entre los desafíos que existen al aplicar análisis predictivos en todas las industrias. Sin embargo, los beneficios potenciales superan con creces estos desafíos. Sin lugar a dudas, el análisis predictivo es una herramienta poderosa que puede generar conocimientos y eficiencias operativas en una amplia gama de sectores.

V.1. Análisis predictivo en la industria sanitaria

La atención médica representa un sector importante donde la aplicación de análisis predictivos ha cambiado drásticamente la forma en que se brinda la atención. Los hospitales, clínicas y otros proveedores de atención médica utilizan modelos predictivos para identificar la probabilidad de ciertos resultados de los pacientes y tomar decisiones más informadas basadas en estos datos.

Atención preventiva y manejo de enfermedades crónicas

El análisis predictivo ha sido particularmente útil en la atención preventiva y el manejo de enfermedades, especialmente enfermedades crónicas como diabetes, enfermedades cardíacas y cáncer. Al analizar los datos de los pacientes procedentes de registros médicos electrónicos, pruebas genéticas y factores del estilo de vida, los modelos predictivos pueden identificar a los pacientes que tienen un alto riesgo de desarrollar estas enfermedades. Los proveedores de atención médica pueden entonces tomar medidas proactivas para mitigar estos riesgos, como ofrecer asesoramiento de salud personalizado y ajustes a los planes de tratamiento.

Reingresos de pacientes

Los hospitales enfrentan costos sustanciales, tanto financieros como de calidad de la atención, asociados con los reingresos de pacientes. El análisis predictivo puede detectar pacientes con alto riesgo de reingreso, lo que permite a los hospitales implementar intervenciones que requieren muchos recursos de manera específica, reduciendo así los reingresos innecesarios de manera efectiva y eficiente.

Gestión de recursos hospitalarios

El análisis predictivo también desempeña un papel fundamental en la gestión de los recursos hospitalarios y la optimización de las operaciones. Por ejemplo, los modelos predictivos pueden pronosticar el flujo de pacientes, ayudando a los hospitales a gestionar todo, desde la ocupación de camas hasta la programación de cirugías. Ayuda a los centros de atención médica a reducir los tiempos de espera, mejorar la satisfacción del paciente y asignar mejor los recursos.

Descubrimiento y desarrollo de fármacos

En la industria farmacéutica, el análisis predictivo se utiliza ampliamente para acelerar el descubrimiento y desarrollo de fármacos. Al analizar una combinación de datos genéticos, clínicos y farmacológicos, los modelos predictivos pueden resaltar posibles objetivos terapéuticos y predecir cómo responderán diferentes individuos a un fármaco. Este enfoque no sólo es más rápido y menos costoso, sino que también puede mejorar los resultados de los pacientes al identificar los medicamentos más eficaces y seguros.

V.2. Análisis predictivo en la industria financiera

La industria financiera ha sido una de las principales en adoptar el análisis predictivo, utilizándolo para evaluar riesgos, identificar actividades fraudulentas, mejorar las relaciones con los clientes y mejorar el rendimiento.

Gestión de riesgos

Las instituciones financieras como los bancos y las compañías de seguros utilizan ante todo modelos predictivos para evaluar y gestionar el riesgo. Perfiles clave, como la calificación crediticia y la suscripción de seguros, dependen en gran medida de la analítica para tomar decisiones informadas. Los modelos predictivos ayudan a identificar posibles morosos en préstamos en el futuro mediante el análisis de diversos factores como el historial de pagos, el uso del crédito y otros indicadores relacionados.

Detección de fraude

El análisis predictivo desempeña un papel fundamental en la identificación de actividades fraudulentas en tiempo real. Al combinar varios datos de seguimiento a través de algoritmos, las instituciones pueden identificar posibles anomalías o transacciones sospechosas y marcarlas inmediatamente para su investigación, lo que podría ahorrar miles de millones de dólares perdidos debido al fraude.

Mejora del rendimiento

El rendimiento financiero se puede mejorar significativamente mediante el empleo de análisis predictivos. Los modelos predictivos pueden ayudar a los gestores de carteras a tomar decisiones más informadas al anticipar las tendencias del mercado y el comportamiento de los inversores. También ayuda a los operadores a través del comercio algorítmico, utilizando datos históricos y en tiempo real para predecir oportunidades comerciales rentables.

V.3. Análisis predictivo en la industria minorista

La industria minorista es otro sector importante que aprovecha el análisis predictivo para comprender el comportamiento de los clientes y optimizar las estrategias comerciales.

La gestión del inventario

El análisis predictivo puede ofrecer proyecciones muy precisas sobre la cantidad que se venderá de un producto específico, teniendo en cuenta variables como la estacionalidad, las tendencias y los indicadores económicos.

Esto permite a los minoristas gestionar su inventario de forma más eficaz, reduciendo el desperdicio debido al exceso de existencias o la pérdida de ventas debido a la falta de existencias.

Marketing personalizado

El análisis predictivo ayuda a los minoristas a comprender el comportamiento de compra y las preferencias de sus clientes. Al analizar datos de compras pasadas y hábitos de navegación en línea, los modelos predictivos también pueden pronosticar el comportamiento de compra futuro. Este enfoque personalizado del marketing no sólo mejora la experiencia del cliente sino que también aumenta las ventas y la fidelidad del cliente.

Estos son sólo algunos ejemplos que ilustran el papel del análisis predictivo en diversas industrias. Los posibles casos de uso son casi infinitos y, a medida que la tecnología siga evolucionando, su aplicación seguirá ampliándose. El análisis predictivo ya no es un lujo sino una necesidad para cualquier empresa que busque seguir siendo competitiva en el mundo actual basado en datos.

VI. Estudios de caso: uso exitoso del análisis predictivo

Estudio de caso 1: La evolución del aprendizaje automático de Netflix

Netflix, el gigante del streaming, tiene la distinción de ser uno de los primeros en adoptar más notables el análisis predictivo. Netflix es un ejemplo destacado de cómo no solo implementar análisis predictivos, sino también de cómo evolucionarlos de manera efectiva para mejorar la satisfacción del cliente y la experiencia del usuario y, al mismo tiempo, aumentar los ingresos.

En 2006, Netflix lanzó el "Premio Netflix", ofreciendo 1 millón de dólares a cualquiera que pudiera ayudarlos a mejorar la precisión de su motor de recomendación de películas en un 10%. Fue una llamada de atención sobre los bruscos giros de la compañía para comprender las preferencias de sus espectadores y brindarles exactamente lo que quieren.

El uso principal de Netflix del análisis predictivo es su motor de recomendación avanzado. Los algoritmos analizan los datos del cliente, los hábitos históricos de visualización y se comparan con cientos de miles de datos de otros usuarios para sugerir contenido que el usuario puede disfrutar. Esto permite a Netflix retener a sus suscriptores brindándoles constantemente contenido que les resulte atractivo.

La creación de contenido personalizado basado en análisis predictivos es otra forma en que Netflix utiliza esta tecnología. Un ejemplo destacado es la creación de la popular serie House of Cards. Netflix decidió invertir la friolera de 100 millones de dólares durante dos temporadas después de que sus análisis predictivos mostraran que los usuarios que amaban la versión británica del programa también adoraban a Kevin Spacey y David Fincher.

El modelo de análisis predictivo también tiene en cuenta la personalización del contenido regional de Netflix. Con su tesoro de datos de usuarios de todo el mundo, Netflix identifica las tendencias populares en diferentes regiones y selecciona su contenido en consecuencia. Esto les permite llegar a una amplia gama de audiencias y aumentar la adherencia de la plataforma.

El éxito del uso de análisis predictivo por parte de Netflix se demuestra no sólo en su impresionante número de suscriptores de más de 200 millones, sino también en su ventaja competitiva sobre otras plataformas de transmisión de medios. Muestra eficazmente el poder y el potencial del análisis predictivo cuando se utiliza de manera óptima, brindando experiencias personalizadas a los consumidores y fomentando su lealtad.

Estudio de caso 2: American Express identifica clientes de alta calidad

American Express, una de las compañías de tarjetas de crédito más grandes del mundo, utiliza análisis predictivos para identificar y dirigirse a clientes de alto potencial. Su modelo de análisis predictivo les ayuda a comprender el comportamiento de sus clientes, sus hábitos de gasto, su solvencia e incluso predecir su fidelidad futura.

Un ejemplo de su uso de análisis predictivo es la creación de un modelo predictivo sofisticado que analiza transacciones históricas e identifica patrones asociados con cargos falsos. El modelo les permite predecir si una nueva transacción, ya sea de un cliente nuevo o existente, es fraudulenta. Esto reduce significativamente su exposición al riesgo y mejora su servicio a clientes genuinos.

Otro uso ha sido la retención de clientes. American Express utiliza análisis predictivos para identificar a los clientes que han sido leales a la empresa, han mantenido un buen historial crediticio y gastan regularmente con su tarjeta de crédito. Luego ofrecen ofertas, privilegios y beneficios exclusivos a estos clientes, lo que mejora su satisfacción y reduce la deserción.

El éxito del modelo de análisis predictivo de American Express es otro testimonio del inmenso potencial del análisis predictivo. Su éxito en la búsqueda y retención de clientes de alta calidad, sus tácticas de mitigación de riesgos y su capacidad para distinguir actividades fraudulentas les ha dado una importante ventaja competitiva en la industria de las tarjetas de crédito.

Estudio de caso 3: Tendencias de la gripe de Google: predicción de la salud pública

En 2008, Google lanzó una iniciativa llamada Google Flu Trends (GFT) para monitorear la propagación de la gripe mediante la extracción de datos de consultas de búsqueda. Utilizaron big data acumulados a partir de términos de búsqueda relacionados con la gripe para predecir brotes de gripe más rápido que los sistemas tradicionales utilizados por organizaciones de salud como los Centros para el Control y la Prevención de Enfermedades (CDC).

Aunque GFT tuvo sus luchas y controversias, y finalmente fue detenido en 2015, abrió al mundo al uso potencial de análisis predictivos para proporcionar información sobre la salud pública. La idea de utilizar datos en tiempo real y de fácil acceso para monitorear y predecir el aumento y la propagación de enfermedades ha impulsado avances en este campo y ha llevado a una gran cantidad de empresas y organizaciones a utilizar métodos similares para la predicción y prevención de enfermedades.

Estos estudios de caso retratan el vasto potencial del análisis predictivo en diversas industrias, revelando tendencias, mitigando riesgos, mejorando servicios, personalizando contenido y previniendo enfermedades. A medida que las empresas continúan recopilando y analizando más datos, está claro que las técnicas de análisis predictivo serán aún más fundamentales para el éxito empresarial.

VI.A Estudio de caso: Amazon y el análisis predictivo

Amazon, especialista mundial en comercio electrónico, es un gran ejemplo de la aplicación del análisis predictivo para obtener resultados comerciales sobresalientes. Amazon utiliza análisis predictivos para recomendar productos a sus cientos de millones de usuarios en todo el mundo, lo que genera una mayor satisfacción del usuario, mayores ventas y un crecimiento empresarial continuo.

VI.A.1 Recopilación y gestión de datos

Amazon tiene datos multidimensionales que incluyen información sobre hábitos de compra de los clientes, patrones de búsqueda en su sitio web, listas de deseos, carritos de compras, devoluciones e incluso cuánto tiempo pasan los usuarios colocando el cursor sobre ciertos artículos. Recopilan big data de cada interacción con el cliente, en múltiples plataformas y puntos de contacto. Luego, estos datos se clasifican, almacenan y procesan en vastos sistemas basados en la nube, lo que garantiza su disponibilidad para un análisis en profundidad.

VI.A.2 Recomendaciones de productos

Amazon utiliza ampliamente análisis predictivos para brindar recomendaciones de productos personalizadas. Cuando un cliente inicia sesión, los modelos predictivos ejecutan análisis en tiempo real de los datos del cliente en una base de datos de productos, creando una lista personalizada de productos que probablemente le resulten atractivos. Esto no sólo ayuda a mejorar la satisfacción del cliente sino que también aumenta el valor de su carrito.

VI.A.3 Gestión de Inventario

Amazon también aplica análisis predictivos en la gestión del inventario. Analizan datos relacionados con el historial de compras, tendencias actuales, estacionalidad, etc. para pronosticar la demanda de diversos productos. En base a esto, equilibran su stock en diferentes almacenes. Esto ayuda enormemente a reducir los costos relacionados con el exceso de existencias y la pérdida de ventas debido a la falta de existencias.

VI.A.4 Detección de fraude

En la industria del comercio electrónico, las transacciones fraudulentas son una preocupación importante. Amazon utiliza análisis predictivos para detectar actividades fraudulentas. Al comparar los datos de transacciones actuales con patrones fraudulentos históricos, sus modelos ayudan a identificar transacciones potencialmente fraudulentas, minimizando así las pérdidas y garantizando la confianza del consumidor.

VI.A.5 Mejora de la experiencia del usuario

Amazon también utiliza análisis predictivos para mejorar la experiencia del usuario en su sitio web. Analizan datos de comportamiento del usuario, como flujo de clics, historial de búsqueda, tiempo de permanencia en la página, etc. Con estos datos, personalizan el diseño del sitio web, la colocación de productos y los mensajes promocionales para usuarios individuales.

VI.A.6 Conclusión

Al aprovechar el poder del análisis predictivo, Amazon ha revolucionado la industria del comercio electrónico. Los conocimientos profundos generados a partir del análisis predictivo han reducido significativamente los costos, maximizado las ganancias y mejorado enormemente la satisfacción del cliente. Este estudio de caso destaca el enorme potencial del análisis predictivo cuando se implementa correctamente con una visión estratégica.

Este caso también subraya que aprovechar el poder del análisis predictivo no sólo requiere una gran cantidad de datos, sino también las herramientas adecuadas para analizar estos datos y desarrollar conocimientos valiosos. Es evidente que invertir en análisis predictivo puede resultar muy rentable para las empresas, pero requiere un conocimiento profundo del campo y un enfoque estratégico para su implementación.

El caso de estudio de Amazon no es un caso único en el uso de análisis predictivo. En las subsecciones siguientes, analizaremos otras empresas que han capitalizado el análisis predictivo para lograr un éxito notable en sus respectivas industrias.

¡Estén atentos para descubrir cómo otros líderes de la industria están aprovechando el poder del análisis predictivo!

Estudio de caso 1: Netflix: análisis predictivo para recomendaciones personalizadas

Uno de los ejemplos más exitosos e ilustrativos de la utilización del análisis predictivo proviene del gigante del streaming en línea, Netflix. El éxito de Netflix se puede atribuir en gran medida a su uso de análisis predictivos para ofrecer recomendaciones de contenido personalizadas a sus 200 millones de usuarios en todo el mundo.

Netflix utiliza un modelo predictivo que analiza cientos de miles de millones de datos todos los días. Este modelo combina datos explícitos proporcionados por el usuario, como su historial de visualización y calificaciones, con datos implícitos, como el comportamiento de navegación y los hábitos de visualización, para predecir lo que un usuario quiere ver a continuación antes de que se dé cuenta.

Uso de análisis predictivo

El motor de análisis de Netflix no utiliza la demografía o la geografía tradicionales para ofrecer recomendaciones. En cambio, agrupa a los usuarios según su gusto visual, independientemente de su ubicación. El algoritmo sigue aprendiendo y refinando sus predicciones con cada interacción y punto de datos. Netflix incluso utiliza análisis predictivos para decidir qué película y serie producir. Por ejemplo, los datos sugirieron que una superposición significativa de suscriptores que amaban los dramas políticos también favorecía al actor nominado al Oscar Kevin Spacey y al director David Fincher. Como tal, Netflix dio luz verde a la producción de un drama político, "House of Cards", protagonizado por Spacey y Fincher, que se convirtió en un gran éxito.

El uso de análisis predictivos ayudó a Netflix a reducir significativamente sus tasas de abandono, al garantizar que los usuarios siempre encuentren el contenido que les interesa, sin perder mucho tiempo navegando. Esto también conduce a la satisfacción del cliente y a mayores horas de visualización, lo que mejora directamente los ingresos de Netflix.

El impacto

La aplicación de análisis predictivo por parte de Netflix no se trata solo de recomendar el contenido correcto, sino de mantener y aumentar la participación a lo largo del tiempo. Se estima que la empresa ahorra mil millones de dólares al año gracias a su motor de recomendaciones personalizadas.

Además, el uso de análisis predictivo en la toma de decisiones de producción de contenidos también ha dado resultados positivos para Netflix. Programas como "House of Cards" y "Orange is the New Black" se encargaron basándose en conocimientos derivados de modelos predictivos y ganaron enorme popularidad, atrayendo a millones de nuevos suscriptores.

Lecciones aprendidas

Este estudio de caso ofrece varias ideas que se pueden aplicar en diferentes sectores:

1. **Experiencia del cliente mejorada** : el análisis predictivo puede mejorar significativamente la

experiencia del usuario al ofrecer contenido personalizado y dirigido. Una mejor experiencia conduce a una mayor retención de clientes y menores tasas de abandono.

2. **Toma de decisiones basada en datos** : el uso de análisis predictivos para la toma de decisiones puede conducir a decisiones más precisas y eficientes, lo que potencialmente ahorra recursos y costos al minimizar los riesgos asociados con la toma de decisiones intuitiva.

3. **Aprendizaje continuo** : los modelos predictivos no son estáticos: aprenden y mejoran con cada punto de datos adicional, lo que garantiza que las predicciones se refinen y actualicen con el tiempo.

En conclusión, el uso exitoso del análisis predictivo por parte de Netflix demuestra el poder de los datos y cómo se pueden aprovechar no sólo para superar las expectativas de los clientes sino también para guiar las decisiones comerciales estratégicas.

Estudio de caso 1: Starbucks: personalización de la experiencia del cliente con análisis predictivo

Starbucks, una de las cadenas de cafeterías más populares del mundo, es un excelente ejemplo de una empresa que utiliza eficazmente el análisis predictivo para mejorar la experiencia de sus clientes.

Comprender las preferencias del cliente

El paso inicial que dio Starbucks para aprovechar sus datos fue lanzar 'Starbucks Rewards', un programa de fidelización que anima a los clientes a realizar compras a cambio de puntos de recompensa. Este programa incluía una aplicación móvil que se ha descargado más de 19 millones de veces, según un informe de BI Intelligence. Al completar transacciones a través de este sistema, los clientes produjeron una cantidad significativa de datos consensuados sobre su historial y comportamiento de compras.

A medida que Starbucks recopiló y analizó estos datos, pudo comprender mejor las preferencias de cada cliente individual, como sus bebidas, alimentos y ubicaciones de tiendas preferidas, así como la frecuencia y el tiempo de sus visitas.

Implementación de modelos predictivos

Una vez que Starbucks obtuvo una comprensión clara del comportamiento de sus clientes, desarrolló modelos predictivos que les permitieron anticipar el comportamiento futuro de los clientes basándose en datos históricos.

Al analizar patrones y tendencias en los datos, los modelos predictivos de Starbucks pueden proporcionar información sobre qué nuevos productos tienen probabilidades de tener éxito, qué tipo de ofertas promocionales impulsarían el interés de los clientes y cómo los cambios en el precio o la disponibilidad de la tienda pueden afectar las ventas.

Esto permitió a Starbucks tomar decisiones basadas en datos sobre el desarrollo de productos, estrategias de marketing y gestión de inventario, mejorando así su eficiencia operativa y rentabilidad.

Personalización mediante análisis predictivo

El modelo de análisis predictivo también podría estimar la probabilidad de que un cliente específico compre un artículo en particular en un momento o lugar determinado, lo que permitiría a Starbucks ofrecer una experiencia de cliente altamente personalizada.

Starbucks utilizó estos conocimientos para personalizar sus campañas de marketing y ofrecer ofertas individualizadas directamente a los clientes a través de su aplicación móvil. Además, los datos se utilizaron para personalizar la experiencia del cliente en sus tiendas físicas, asegurando que los artículos populares estuvieran siempre disponibles para los clientes, mientras que los artículos menos populares pudieran eliminarse o reemplazarse.

La historia de éxito

El uso de análisis predictivo de Starbucks convirtió los datos en conocimientos prácticos, lo que permitió a la empresa mantenerse a la vanguardia en un mercado competitivo. Ha ayudado a fidelizar a los clientes, aumentar las ventas e impulsar el crecimiento.

En una presentación para inversores, el director financiero de Starbucks, Patrick Grismer, afirmó que sus esfuerzos de marketing dirigidos, impulsados por análisis predictivos, contribuyeron a un enorme aumento del 2 % en las ventas comparables de las tiendas en EE. UU. en el segundo trimestre de 2019.

El estudio de caso de Starbucks demuestra notablemente cómo el análisis predictivo puede ayudar a las empresas a comprender el comportamiento de los clientes a nivel granular, predecir tendencias futuras, mejorar las operaciones y adaptar una experiencia personalizada al cliente.

Conclusión

Evidentemente, la utilización exitosa del análisis predictivo por parte de Starbucks sirve como un excelente caso de estudio para las empresas que buscan aprovechar el poder de los datos para obtener conocimientos futuros. Muestra cómo las empresas pueden utilizar modelos de análisis predictivo para impulsar la fidelidad de los clientes, reducir el desperdicio y aumentar las ventas. Esta valiosa lección también puede aplicarse a empresas de otros sectores, lo que hace que el análisis predictivo sea una herramienta indispensable en el mundo empresarial basado en datos.

Estudio de caso 1: Coca-Cola y el poder del análisis predictivo

A lo largo de su camino para convertirse en una marca de renombre mundial, Coca-Cola siempre ha adoptado tecnología de vanguardia para mejorar sus operaciones comerciales. Más recientemente, este renacimiento tecnológico ha tomado la forma de una inmersión profunda en el análisis predictivo, lo que permite a Coca-Cola comprender a sus clientes a un nivel granular.

El problema

Hacer crecer un negocio es un proceso inherentemente desafiante y Coca-Cola enfrentó varios obstáculos formidables. En primer lugar, el gran tamaño de la base de clientes hacía difícil analizar la magnitud de los datos de clientes existentes. Además, realizar un seguimiento de las preferencias cambiantes de los clientes sobre diferentes productos no fue una tarea fácil. Sin las soluciones adecuadas, estos problemas podrían obstaculizar el crecimiento de Coca-Cola y reducir su competitividad en un mercado global intensamente competitivo.

La solución

Para superar estos desafíos, Coca-Cola recurrió al análisis predictivo para analizar su densa cascada de datos de consumidores. Al aprovechar los algoritmos de aprendizaje automático y el análisis de datos, la empresa comenzó a predecir tendencias en el comportamiento del consumidor, tomando así decisiones informadas.

Para iniciar el proceso, Coca-Cola recopiló datos de clientes anteriores, incluidos patrones de compra históricos, estacionalidad de las compras y respuesta a campañas de marketing anteriores. También recopilaron datos sobre factores demográficos como edad, sexo y ubicación. Luego, estos conjuntos de datos se incorporaron a algoritmos de aprendizaje automático para crear modelos predictivos.

Por ejemplo, en uno de sus proyectos, Coca-Cola utilizó análisis predictivos para pronosticar el rendimiento de los cultivos de naranja. Esto ayudó a la empresa a gestionar su producción de zumo de naranja de manera eficiente, minimizando el desperdicio y mejorando la rentabilidad.

La implementación

La implementación del análisis predictivo dentro de Coca-Cola requirió un cambio en el enfoque de la empresa hacia los datos. La transformación implicó tanto un cambio cultural (la empresa adoptó la toma de decisiones basada en datos) como un cambio tecnológico (con el uso de algoritmos avanzados de aprendizaje automático y herramientas analíticas).

Invertir en la creación de talento interno en análisis de datos fue clave para esta transformación. Coca-Cola capacitó a su personal técnico para extraer conocimientos de los datos e implementar modelos predictivos. Además, colaboró con socios externos para obtener experiencia avanzada.

Los resultados

Gracias al análisis predictivo, Coca-Cola logró obtener un nivel sin precedentes de conocimientos a partir de los datos de sus consumidores. Los modelos predictivos ayudaron a la empresa a obtener una comprensión detallada de los gustos de sus clientes, lo que permitió realizar campañas de marketing personalizadas.

Además, al predecir tendencias futuras, el titán de las bebidas pudo optimizar los niveles de inventario, minimizando las pérdidas por sobreproducción de productos menos populares. También condujo a una mayor eficiencia de la cadena de suministro, como el proyecto de jugo de naranja, que generó importantes ahorros de costos.

Las lecciones

El éxito de Coca-Cola sirve como un excelente caso de estudio que ilustra el poder del análisis predictivo. Subraya que invertir en análisis predictivo puede generar importantes beneficios para las empresas, desde mejorar la comprensión del cliente hasta optimizar las operaciones de la cadena de suministro.

Quizás, la conclusión más importante de este estudio de caso es la importancia de la voluntad de una organización de adoptar datos e invertir en la creación de capacidades analíticas. Esto requiere cambios tanto culturales como tecnológicos, pero como ha demostrado Coca-Cola, el retorno de tales inversiones puede ser significativo.

VII. Desarrollo de un marco de análisis predictivo

7.1 *Creación de un marco de análisis predictivo estratégico*

Un marco de análisis predictivo persuasivo es más que una simple amalgama de herramientas y técnicas estadísticas. Requiere un enfoque estratégico y estructurado para aprovechar los datos para la toma de decisiones. Esta subsección proporciona una guía completa sobre cómo desarrollar un marco de análisis predictivo sólido.

7.1.1 Definición de objetivos comerciales

El establecimiento de cualquier marco de análisis predictivo siempre debe comenzar con la definición clara de los objetivos comerciales. No se puede exagerar la importancia de este proceso, ya que sienta las bases para toda la operación analítica. Posteriormente, facilita la identificación de indicadores clave de rendimiento (KPI) que se pueden utilizar para medir el progreso hacia el cumplimiento de sus objetivos comerciales.

7.1.2 Identificación de fuentes de datos relevantes

A continuación, es esencial determinar qué fuentes de datos están disponibles y son útiles para cumplir los objetivos establecidos. Los datos pueden provenir de fuentes internas (como bases de datos, software y sistemas comerciales) o de fuentes externas como redes sociales, bases de datos de proveedores o proveedores externos. También es importante determinar la necesidad de datos tanto estructurados como no estructurados.

7.1.3 Recopilación e integración de datos

La recopilación de datos es un proceso meticuloso mediante el cual se recopilan las fuentes de datos identificadas. Las estrategias para la recopilación de datos van desde la configuración de API hasta la extracción de datos de páginas web. Después de esto, se deben integrar los datos acumulados de diferentes fuentes, lo que a menudo requiere lidiar con discrepancias en formatos, granularidad o terminología.

7.1.4 Limpieza y transformación de datos

La limpieza de los datos impacta directamente en la confiabilidad de los análisis. Implica examinar y resolver problemas de valores faltantes, inconsistencias o anomalías en los datos recopilados. Posteriormente, se lleva a cabo la transformación de datos para convertir los datos limpios a un formato apropiado para el modelado, lo que puede implicar actividades como normalización, codificación de variables categóricas o conversión de series temporales.

7.1.5 Análisis de datos exploratorios

Antes de crear un modelo, es fundamental explorar y comprender sus datos. El análisis de datos exploratorios (EDA) implica visualizar distribuciones de datos, identificar correlaciones y detectar valores atípicos. Ilumina al científico de datos sobre las estructuras y patrones subyacentes en los datos y brinda información clave que guía la creación de modelos.

7.1.6 Construcción y evaluación del modelo

La construcción de modelos es el corazón del análisis predictivo que involucra técnicas como la regresión, los árboles de decisión o las redes neuronales, entre otras. El método elegido depende de la naturaleza de los datos y del problema empresarial. Después del desarrollo, el rendimiento del modelo debe evaluarse utilizando métricas relevantes como exactitud, precisión, recuperación o ROC AUC, según el contexto del problema.

Además, se deben apreciar conceptos como la validación de modelos y el sobreajuste. La validación implica dividir sus datos en un conjunto de entrenamiento para el aprendizaje del modelo y un conjunto de prueba para la evaluación, asegurando que el desempeño del modelo se evalúe independientemente de su aprendizaje. El sobreajuste, por otro lado, se refiere a cuando un modelo se adapta demasiado bien a los datos de entrenamiento y funciona mal con datos invisibles.

7.1.7 Implementación y monitoreo

Una vez evaluado satisfactoriamente, el modelo se despliega en el entorno empresarial, integrándose en las operaciones o procesos de toma de decisiones. Sin embargo, la implementación no es el final del marco. Es necesario monitorear continuamente el desempeño del modelo para garantizar que su poder predictivo siga siendo confiable a lo largo del tiempo, dada la naturaleza dinámica de los datos.

Por lo tanto, un marco de análisis predictivo requiere un enfoque estratégico de extremo a extremo que atienda todo el ciclo de vida del análisis, desde la determinación objetiva hasta la implementación y el monitoreo del modelo. Esta descripción le brinda la base para personalizar un marco que se ajuste a las circunstancias de su negocio, para aprovechar el inmenso potencial predictivo inherente a sus datos.

VII.1. Comprender la necesidad de un marco de análisis predictivo

Antes de profundizar en los detalles técnicos del desarrollo de un marco de análisis predictivo (PA), es importante comprender qué es y por qué es una herramienta tan vital en el mundo empresarial actual. El análisis predictivo es una forma avanzada de análisis de datos que utiliza datos, algoritmos estadísticos, técnicas de aprendizaje automático e inteligencia artificial para predecir resultados futuros en función de tendencias pasadas. Al utilizar el rendimiento pasado para predecir el comportamiento futuro, el análisis predictivo proporciona a las empresas conocimientos prácticos y la capacidad de tomar decisiones proactivas.

Un marco de análisis predictivo es un conjunto estructurado de pautas o protocolos que ayudan a las empresas a implementar análisis predictivos. Ofrece un proceso estandarizado a seguir, garantizando coherencia y confiabilidad en los resultados analíticos. Un marco de PA bien construido garantiza que no se generen predicciones por el simple hecho de hacerlo. En cambio, está utilizando estos pronósticos para impulsar cambios significativos y optimizar la eficiencia operativa en su organización.

VII.2. Componentes de un marco de análisis predictivo

La construcción de un marco de AP comienza con la comprensión de sus componentes esenciales:

1. **Recopilación de datos** : esta es la base del marco. Es la etapa en la que se recopilan datos relevantes para el dominio de estudio o predicción de diversas fuentes, tanto internas como externas.
2. **Preprocesamiento de datos** : aquí, los datos recopilados se limpian y transforman a un formato adecuado para el análisis. Este paso frecuentemente implica manejar valores faltantes, eliminar valores atípicos, escalar características y ocuparse de datos duplicados.
3. **Análisis de datos** : este paso implica análisis exploratorios para obtener información sobre los datos y comprender los patrones y tendencias subyacentes.
4. **Modelado** : aquí, se eligen modelos predictivos adecuados en función del problema en cuestión y se utilizan para construir el modelo de análisis predictivo.
5. **Validación** : esto implica probar el modelo construido contra un conjunto de datos (conjuntos de datos de prueba) para validar su capacidad para predecir de manera efectiva posibles resultados.

6. **Implementación** : una vez validado, el modelo se implementa en los sistemas operativos para comenzar a generar predicciones.
7. **Monitoreo y mantenimiento** : este es un proceso continuo que ayuda a garantizar que el modelo siga siendo relevante a lo largo del tiempo. El rendimiento del modelo se supervisa periódicamente y se realizan los ajustes necesarios.

VII.3. Definición de objetivos comerciales

El primer paso en el desarrollo de un marco de análisis predictivo es definir objetivos comerciales claros. ¿Qué quieres conseguir con tus datos? ¿Está mejorando la retención de clientes, optimizando las estrategias de marketing o prediciendo ventas futuras? Definir sus objetivos lo guiará para determinar los datos necesarios que se recopilarán, los métodos que se utilizarán y la obtención de resultados significativos.

VII.4. Trabajo en equipo

El siguiente paso importante es formar un equipo con las habilidades necesarias. Este equipo debería estar compuesto preferentemente por científicos de datos, expertos en aprendizaje automático, ingenieros de datos, analistas de negocios y expertos en el dominio. Este equipo diverso garantiza un enfoque integral hacia el análisis predictivo, reuniendo diferentes conocimientos y perspectivas.

VII.5. Gestión y gobernanza de datos

Una vez que se recopilan los datos, es importante que los administre y gobierne adecuadamente. Esto significa mantener la calidad de los datos, garantizar la privacidad y seguridad de los datos y cumplir con las regulaciones en constante evolución.

En última instancia, desarrollar un marco integral de análisis predictivo puede requerir importantes recursos y tiempo, pero el valor que aporta a su negocio a largo plazo supera los costos iniciales. Le brinda a su empresa la capacidad de prever posibles desafíos y oportunidades, y tomar decisiones basadas en datos cruciales para el crecimiento y la sostenibilidad.

7.1 Comprender el papel de los datos en el marco de análisis predictivo

El análisis predictivo es una poderosa herramienta basada en la premisa de que el pasado puede informar el futuro. Al analizar datos históricos, podemos modelar y predecir resultados futuros, ayudando a las empresas a tomar decisiones informadas basadas en escenarios esperados. Para el éxito de este enfoque es fundamental contar con un marco de análisis predictivo sólido, en cuyo núcleo se encuentran los datos. Este capítulo profundizará en la importancia de los datos en el desarrollo de un marco y brindará orientación sobre cómo aprovecharlos de manera efectiva.

7.1.1 Anatomía de los datos en análisis predictivo

Los datos son la base sobre la que se construye el análisis predictivo. Es el lenguaje a través del cual las computadoras entienden el mundo y la materia prima de la que se extraen conocimientos. En esencia, los datos en un contexto de análisis predictivo se pueden clasificar en tres tipos principales según su papel en el proceso predictivo:

- **Datos sin procesar** : representan la información no procesada recopilada de diversas fuentes. Puede ser cualquier cosa, desde datos de comportamiento del cliente en un sitio web, datos de ventas, datos de marketing, datos medioambientales hasta publicaciones en redes sociales, entre otros.
- **Datos procesados** : son los datos que se han limpiado y manipulado para su posterior análisis. La limpieza puede implicar eliminar o corregir errores, manejar valores faltantes o resolver inconsistencias.
- **Datos de salida** : este es el producto final del proceso de análisis predictivo. Incluye las predicciones y los conocimientos obtenidos de los datos procesados que impulsan la toma de decisiones.

7.1.2 El proceso de recopilación de datos

El análisis predictivo eficaz comienza con la recopilación de datos. El objetivo es recopilar la mayor cantidad de datos relevantes y de alta calidad posible.

- Una técnica para recopilar datos es la minería de datos, que implica extraer activamente información útil de grandes conjuntos de datos. Hacer esto de manera eficiente requiere una planificación minuciosa y los recursos tecnológicos adecuados.
- Otro enfoque implica tecnologías de big data para manejar datos con gran volumen, alta velocidad, gran variedad y alta veracidad (las cuatro V del big data).
- Las encuestas y los cuestionarios también pueden constituir una fuente confiable de datos,

especialmente para recopilar datos cualitativos sobre las preferencias y comportamientos de los clientes.

Es fundamental que los datos recopilados sean representativos, precisos y relevantes para evitar la creación de modelos sesgados o que no tengan poder predictivo.

7.1.3 Preparación y preprocesamiento de datos

Una vez que se recopilan los datos, el siguiente paso en el marco de análisis predictivo es preparar y preprocesar los datos. Esta etapa implica:

- **Limpieza de datos** : Implica identificar y corregir errores que hayan podido ocurrir durante el proceso de recolección de datos.
- **Transformación de datos** : consiste en convertir los datos a un formato adecuado para su posterior análisis. Las transformaciones específicas utilizadas dependerán de los requisitos del modelo predictivo.
- **Ingeniería de características** : este paso extrae características valiosas del conjunto de datos para mejorar el rendimiento del modelo predictivo. Estas podrían incluir, por ejemplo, la creación de una nueva variable que represente el gasto total de un cliente durante el año pasado.

7.1.4 Construcción de modelos predictivos

Con datos limpios y procesados a mano, el siguiente paso en el desarrollo de un marco de análisis predictivo es crear modelos predictivos utilizando diversas técnicas de estadística, minería de datos y aprendizaje automático. Algunas técnicas de modelado predictivo comúnmente utilizadas incluyen:

- Análisis de regresión
- Árboles de decisión
- Redes neuronales
- Métodos de conjunto
- Previsión de series de tiempo

Cada método tiene sus fortalezas y debilidades, lo que lo hace adecuado para diferentes tipos de datos, problemas y objetivos.

7.1.5 Validación y evaluación del modelo

Un último paso fundamental en el marco del análisis predictivo es validar y evaluar los modelos predictivos para garantizar que funcionen según lo esperado. Por lo general, esto implica aplicar el modelo a un conjunto de datos de validación separado y medir su exactitud, exactitud, recuperación y otras métricas. Estas estadísticas proporcionan retroalimentación crítica para guiar los ajustes al modelo o los pasos de preparación de datos, lo que lleva a predicciones más confiables.

En conclusión, los datos son el motor del marco de análisis predictivo. Comprender su función y aprender a gestionarla de forma eficaz puede permitir que su empresa aproveche todo el potencial del análisis predictivo. Desde la recopilación de datos, pasando por el procesamiento y el modelado, hasta la validación, cada paso en el ciclo de vida de los datos alimenta e influye en la capacidad de predecir el futuro con precisión.

Aprovechando este poder, las empresas pueden pronosticar tendencias, identificar oportunidades y riesgos y crear estrategias que generen resultados. En el ámbito incierto de la predicción futura, un marco sólido de análisis predictivo basado en prácticas sólidas de datos es lo más parecido que tenemos a una bola de cristal.

Sección VII.1: Comprensión y definición del problema empresarial en análisis predictivo

Cualquier marco de análisis predictivo eficaz comienza con la comprensión y definición del problema empresarial. El primer paso crucial antes de sumergirse en el análisis de datos y el modelado predictivo es identificar claramente la pregunta o el problema comercial que abordará el análisis. Esta comprensión informa cada decisión en el marco, desde la recopilación de datos hasta el análisis, el modelado, la implementación y el monitoreo.

Identificar y definir el problema empresarial

Comprender el problema empresarial requiere un conocimiento detallado sobre el negocio, la industria y el mercado. Este conocimiento permitirá al equipo hacer preguntas relevantes y definir objetivos realistas. Idealmente, el problema empresarial debería ser un asunto apremiante que, si se resuelve, tendrá un impacto significativo en el negocio. El problema empresarial debe definirse explícitamente, sin ambigüedades.

Articular los objetivos

Una vez identificado el problema empresarial, el siguiente paso es articular los objetivos. Estos objetivos deben ser mensurables, alcanzables, relevantes y con plazos determinados (SMART). Articular los objetivos garantiza que todos los miembros del equipo, las partes interesadas y los tomadores de decisiones estén en la misma onda.

Determinar el alcance del problema

Definir el alcance del problema empresarial ayuda a proporcionar una dirección concreta al proyecto. Implica indicar claramente qué se incluye y qué se excluye del análisis, lo que proporciona claridad a todos los miembros del equipo y a las partes interesadas.

Establecer hipótesis

A continuación, se desarrolla una hipótesis basada en el problema empresarial. El equipo de análisis predictivo debe generar hipótesis relacionadas con el problema y utilizarlas como puntos de partida para las soluciones propuestas. La formulación de hipótesis es un punto crítico en el marco del análisis predictivo, ya que ayuda a negar o probar ciertas suposiciones relacionadas con el problema empresarial.

Priorizar posibles soluciones

La etapa final para comprender y definir el problema empresarial es priorizar las posibles soluciones. El equipo debe utilizar su conocimiento y experiencia para desarrollar posibles soluciones y luego evaluarlas y clasificarlas según su viabilidad e impacto potencial.

Comprender y definir adecuadamente el problema empresarial configura el marco de análisis predictivo para el éxito. Ayuda a idear una solución viable y de alto impacto que pueda implementarse para satisfacer la necesidad empresarial identificada al inicio del proceso. Como paso inicial y esencial en el análisis predictivo, una comprensión profunda del problema empresarial producirá mejores resultados, mientras que un problema mal definido o mal entendido puede generar esfuerzos y recursos desperdiciados.

En las siguientes secciones, profundizaremos en las etapas posteriores del marco de análisis predictivo, incluida la preparación de datos, la selección de modelos, la validación, la implementación y el monitoreo. El objetivo final es aprovechar el poder de los datos para generar pronósticos precisos y tomar decisiones comerciales futuras informadas.

VII.I. Estableciendo una base sólida de análisis predictivo

Antes de embarcarse en proyectos sofisticados de análisis predictivo, es fundamental establecer un marco de análisis predictivo sólido. Este marco servirá como hoja de ruta que lo guiará a través del viaje de transformar datos sin procesar en decisiones valiosas para su negocio.

a. Comprender el contexto empresarial y formular buenas preguntas

El análisis predictivo comienza con una comprensión clara de los problemas en cuestión. Comience por determinar qué problemas necesita resolver su empresa o qué oportunidades quiere aprovechar. Esto sentará las bases para su iniciativa de análisis predictivo y determinará qué datos necesita, el tipo de análisis requerido y las herramientas y recursos necesarios para el proyecto.

b. Recopilación de datos

El análisis predictivo eficaz está impulsado por abundantes datos. Sin embargo, recopilar más datos no es necesariamente mejor; debes recopilar los datos correctos. Para lograr esto, debe identificar los datos relacionados con su pregunta comercial, incluidos los datos internos de los sistemas operativos de su empresa y los datos externos de las redes sociales, sitios web o proveedores de datos externos.

C. Limpieza y preprocesamiento de datos

Los datos recopilados deben limpiarse y preprocesarse antes del análisis. Esto implica lidiar con valores faltantes, manejar valores atípicos y estandarizar los datos. Esta metodología puede resultar un proceso meticuloso y que requiere mucho tiempo, pero es crucial ya que puede afectar significativamente la calidad de su modelo predictivo.

d. Selección de técnicas y construcción de modelos

El siguiente paso implica la selección de técnicas de análisis predictivo adecuadas en función de la naturaleza de su problema y los datos disponibles. Algunos métodos comúnmente utilizados incluyen análisis de regresión, pronóstico de series temporales y técnicas de aprendizaje automático, como árboles de decisión y redes neuronales. Es fundamental crear varios modelos e iterarlos para encontrar el más preciso y útil para su contexto determinado.

mi. Evaluación y refinamiento de modelos

Una vez que haya creado sus modelos predictivos, es necesario examinarlos y perfeccionarlos meticulosamente. Debe evaluar su rendimiento comparándolo con los conjuntos de datos de entrenamiento y de prueba. Esto implica varias métricas, y la elección de ellas depende de sus requisitos específicos y de la naturaleza del problema en cuestión.

F. Implementación y despliegue

Una vez que su modelo haya sido refinado y revisado nuevamente, es hora de implementarlo. Esto podría significar integrar el modelo en un entorno de producción donde pueda influir en las decisiones del mundo real, o podría implicar incorporar el modelo en sus sistemas operativos para automatizar los procesos de toma de decisiones.

gramo. Monitoreo y Mantenimiento

Implementar su modelo no es el final del proceso. El análisis predictivo es un proceso continuo que requiere monitoreo y mantenimiento constantes. Esto incluye comprobar periódicamente el rendimiento del modelo, realizar revisiones sistemáticas y realizar los ajustes necesarios para adaptarse a los cambios en la dinámica empresarial subyacente y los patrones de datos.

Siguiendo este marco, las organizaciones pueden asegurarse de aprovechar el análisis predictivo de manera efectiva. Pero recuerde, el análisis predictivo no es sólo una iniciativa única. En cambio, debería integrarse en sus procesos comerciales cotidianos, impulsando el aprendizaje continuo y la toma de decisiones.

VIII. Tendencias futuras en análisis predictivo

A. Análisis predictivo y revolución de la IA

Con el aumento del poder computacional y la abundancia de datos disponibles, la inteligencia artificial ha remodelado en gran medida la forma en que entendemos y aprovechamos el análisis predictivo. Las metodologías de inteligencia artificial y aprendizaje automático han demostrado un éxito notable cuando se aplican a proyectos de análisis predictivo. Han permitido predicciones y patrones de predicción más precisos que los métodos estadísticos tradicionales no podían capturar.

Durante años, las organizaciones han estado utilizando análisis predictivos para pronosticar resultados futuros basándose en datos históricos. Sin embargo, con la ayuda de la IA, las empresas ahora pueden ir incluso más allá y detectar patrones de fuentes de datos vastas y variadas como nunca antes. Esta combinación de IA y análisis predictivo se está convirtiendo en la piedra angular de los procesos de toma de decisiones, que van desde la segmentación de clientes en marketing hasta la prevención del fraude en el sector bancario.

1. Modelos predictivos basados en IA

A medida que avanzamos hacia el futuro, podemos esperar que los modelos predictivos basados en IA se vuelvan más complejos y sofisticados. Estos modelos no sólo predecirán eventos futuros, sino que también pueden predecir múltiples eventos relacionados al mismo tiempo, proporcionando una perspectiva futura completa. Esto permitirá una mejor toma de decisiones a medida que las empresas puedan prepararse para todos los posibles resultados futuros.

2. Análisis predictivo en tiempo real

Estamos avanzando hacia un cambio de paradigma en el análisis predictivo en tiempo real. Los avances en inteligencia artificial y análisis de datos ahora permiten la predicción de eventos en tiempo real. Esto significa que las empresas pueden anticipar los requisitos de los clientes, los cambios del mercado o detectar amenazas potenciales en tiempo real y tomar medidas rápidas.

3. IA explicable

En el futuro, seremos testigos de esfuerzos para mejorar la transparencia de las predicciones de la IA. A diferencia de la naturaleza tradicional de "caja negra" de los modelos de IA, donde el proceso de toma de decisiones es difícil de entender, la IA explicable se esfuerza por hacer que el proceso sea transparente y fácil de interpretar. Esto no solo mejorará la confianza en los sistemas de IA, sino que también permitirá ajustar los modelos para obtener predicciones más precisas.

4. Máquinas autónomas e Internet de las cosas (IoT)

Con la proliferación de dispositivos IoT y máquinas autónomas, el análisis predictivo desempeñará un papel clave en la previsión de fallos de los equipos, la optimización de las cadenas de suministro y la mejora de las operaciones. El mantenimiento predictivo, impulsado por sensores de IoT, puede detectar señales tempranas de fallas en los equipos, lo que reduce el tiempo de inactividad y los costos de reparación.

5. Privacidad y seguridad

A medida que el análisis predictivo dependa cada vez más de la IA, las cuestiones relacionadas con la privacidad y la seguridad sin duda serán más destacadas. A medida que los modelos de IA aprendan de más y más datos, las metodologías para garantizar la protección de la privacidad y la anonimización de los datos en los modelos de aprendizaje automático serán cruciales.

6. Análisis predictivo en la nube

La tendencia de trasladar el análisis predictivo a la nube persistirá, brindando a las empresas soluciones escalables, rentables y remotas. El software de análisis predictivo basado en la nube también facilitará a las organizaciones la incorporación y gestión de big data.

En conclusión, las tendencias futuras del análisis predictivo están profundamente entrelazadas con el crecimiento de la inteligencia artificial y las tecnologías de aprendizaje automático. A medida que avanzamos hacia un futuro impulsado por los datos, aprovechar el verdadero poder del análisis predictivo será fundamental para permitir decisiones inteligentes y predictivas y construir modelos de negocio sostenibles. Transformará la forma en que miramos el mundo y revolucionará varios sectores, desde la atención médica hasta las finanzas, desde el comercio minorista hasta la manufactura y más.

"Cambios de paradigma: análisis predictivo e inteligencia artificial"

Mientras miramos nuestra bola de cristal para vislumbrar lo que depara el futuro para el análisis predictivo, una tendencia que se destaca de manera destacada es la combinación de análisis predictivo e inteligencia artificial (IA). Es una evolución que se basa en aprovechar el poder de los datos para obtener conocimientos futuros y trasciende hacia la creación de sistemas que no solo analizan sino que también aprenden de los datos.

En los últimos años, el iniclo y el progreso de la IA han sido revolucionarios. La IA tiene el potencial de remodelar significativamente varias industrias, ya que ha generado avances en la automatización y el análisis capaces de procesar grandes volúmenes de datos.

IA y modelos predictivos

Los expertos creen que la fusión de la IA y el análisis predictivo redefinirá el panorama del análisis de datos. La capacidad de la IA para aprender, percibir, resolver problemas y tomar decisiones, junto con la fortaleza del análisis predictivo para pronosticar resultados futuros basados en patrones históricos, prepara el escenario para poderosos modelos predictivos.

Una forma en que la IA mejora el análisis predictivo radica en su capacidad para procesar diversos tipos de datos. Tradicionalmente, los modelos predictivos trabajaban principalmente con datos numéricos estructurados. Pero la capacidad de la IA para manejar datos no estructurados, como texto, voz, imágenes e incluso contenido de video, amplía el alcance del análisis y genera conocimientos más ricos y profundos que de otro modo podrían haber sido inaccesibles.

Además, al permitir que las máquinas comprendan los datos y aprendan de ellos, la IA puede perfeccionar automáticamente los modelos predictivos con el tiempo. Por tanto, mitiga el problema del deterioro del modelo y garantiza una mejor calidad de las predicciones futuras.

Adopción de IA en las empresas

Las empresas, que han adoptado esta tendencia, han comenzado a explotar el análisis predictivo basado en IA para automatizar procesos, tomar decisiones estratégicas basadas en datos y brindar experiencias personalizadas a los clientes.

- **Automatización de procesos comerciales** : muchas empresas ahora aprovechan los modelos predictivos basados en inteligencia artificial para automatizar tareas rutinarias. Desde la previsión de ventas hasta la evaluación de riesgos, la IA se encarga de todo, liberando así recursos humanos para tareas y toma de decisiones más complejas.
- **Toma de decisiones estratégicas** : con capacidades de datos aumentadas, las empresas pueden predecir tendencias, identificar oportunidades y abordar de forma preventiva amenazas potenciales con mayor precisión. Esta previsión proporciona una ventaja competitiva en el panorama empresarial en constante evolución y ayuda a alinear estrategias y operaciones de manera más efectiva.
- **Experiencia del cliente personalizada** : una de las aplicaciones más notables de la sinergia entre IA y análisis predictivo radica en la personalización. Las empresas pueden predecir los comportamientos, las preferencias y la posible rotación de los clientes, ofreciendo así un recorrido del cliente personalizado que mejora el compromiso y fomenta la lealtad.

Desafíos y el camino a seguir

A pesar de las perspectivas prometedoras, la integración de la IA en el análisis predictivo no está exenta de desafíos. La dependencia de la IA (y, por extensión, de los datos) plantea importantes preocupaciones en torno a la seguridad y la privacidad de los datos. Además, las empresas que atraviesan sus etapas iniciales de adopción de la IA a menudo se enfrentan a altos costos iniciales, alteraciones operativas, falta de recursos calificados y discrepancias regulatorias.

A pesar de estos desafíos, la fusión de la IA y el análisis predictivo encierra un inmenso potencial. Los avances tecnológicos, junto con una comprensión cada vez mayor del valor de los datos, hacen de esta una tendencia que no puede ni debe pasarse por alto.

De cara al futuro, es imperativo que las empresas no sólo se preparen para este cambio, sino que también busquen activamente formas de aprovechar el poder del análisis predictivo integrado en la IA. A medida que más empresas aprovechen la convincente combinación de análisis predictivo e inteligencia artificial, la innovación, la eficiencia y la precisión seguirán prosperando en el panorama del futuro basado en datos.

1. El impacto de la inteligencia artificial en el análisis predictivo

Con los continuos avances de la tecnología, la Inteligencia Artificial (IA) se está volviendo cada vez más integral en el análisis predictivo. El potencial de la IA para aprender de conjuntos de datos le permite hacer predicciones más precisas basadas en la información que recibe. En esencia, las máquinas de IA aprenden de datos históricos para predecir resultados futuros.

Modelos de IA en análisis predictivo

Se están utilizando varios modelos de IA en análisis predictivo, desde redes neuronales, árboles de decisión y algoritmos genéticos hasta modelos de lógica difusa y modelos de regresión. Los modelos predictivos de IA tienen la impresionante capacidad de manejar una gran cantidad de datos de diversas fuentes y variables, lo que los hace eficaces a la hora de presentar predicciones más precisas que los modelos tradicionales.

Precisión predictiva mejorada

La IA está transformando fundamentalmente el análisis predictivo al mejorar significativamente la precisión predictiva. Los algoritmos modernos impulsados por IA pueden manejar e interpretar, con gran precisión, patrones complejos dentro de big data. Además de manejar datos estructurados, la IA también destaca en el manejo de datos no estructurados, lo que permite la generación de predicciones a partir de diversas fuentes de datos, como texto, voz e imágenes.

Transformación de industrias con análisis predictivo asistido por IA

El análisis predictivo asistido por IA está transformando numerosas industrias, siendo los sectores de salud, finanzas y comercio minorista los más afectados. En el sector sanitario, el análisis predictivo se aprovecha para anticipar brotes de enfermedades, diagnosticar enfermedades tempranamente y mejorar los tratamientos personalizados. En finanzas, la IA se utiliza para predecir tendencias del mercado, evaluar el riesgo crediticio y detectar actividades fraudulentas. Los minoristas utilizan la IA para optimizar la gestión de inventario, mejorar la experiencia del cliente y anticipar el comportamiento y las tendencias del consumidor.

2. Llegada del análisis predictivo en tiempo real

Otra tendencia futura en el mundo del análisis predictivo es la llegada del análisis predictivo en tiempo real. La necesidad de tomar decisiones más rápidas en el mundo actual, que cambia rápidamente y se basa en datos, ha dado lugar a esta tendencia. Al analizar datos en tiempo real, las partes interesadas relevantes pueden tomar decisiones informadas al instante.

Papel del IoT en el análisis predictivo en tiempo real

El Internet de las cosas (IoT) está acelerando radicalmente la implementación de análisis predictivos en tiempo real. Con la proliferación de dispositivos IoT, las organizaciones ahora pueden acceder a un flujo continuo de datos en tiempo real, que pueden analizarse instantáneamente. Esto permite a las organizaciones detectar y abordar problemas rápidamente, mitigando así los riesgos y aprovechando las oportunidades en tiempo real.

3. Automatización del análisis predictivo

La automatización del análisis predictivo es otra tendencia potencial que revolucionará el panorama del análisis. Esto implica el uso de tecnología para realizar tareas que tradicionalmente requerirían intervención humana.

Impacto de la automatización en la fuerza laboral

La automatización del análisis predictivo podría provocar la pérdida de empleo. Sin embargo, es más probable que redefina los roles laborales que que los elimine por completo. En lugar de realizar análisis de datos de rutina, los científicos de datos pueden centrarse en interpretar y tomar decisiones basadas en los resultados del análisis de datos. Por tanto, es probable que la automatización conduzca a un uso más eficiente de los recursos humanos.

Estos son sólo un vistazo al futuro del análisis predictivo. A medida que la tecnología continúa evolucionando y volviéndose más sofisticada, es emocionante pensar en las innumerables formas en que el análisis predictivo transformará la forma en que tomamos decisiones predictivas. Esta evolución continua subraya aún más la importancia de aprovechar el poder del análisis predictivo.

8.1 Análisis predictivo e inteligencia artificial (IA)

La intersección del análisis predictivo y la inteligencia artificial (IA) será una de las principales tendencias del futuro. La IA se ha convertido en un nuevo estándar de informática inteligente y está cambiando rápidamente el panorama del análisis predictivo. El análisis predictivo depende en gran medida de algoritmos y modelos que pueden escanear, analizar e interpretar rápidamente grandes conjuntos de datos. Un sistema basado en IA tiene la capacidad no sólo de procesar estos datos a velocidades increíbles sino también de aprender de ellos.

El aprendizaje automático, un subconjunto de la IA, es uno de los actores clave en este cambio. Los algoritmos aprenden de datos históricos, crean patrones y luego hacen predicciones sobre datos futuros, lo que permite la automatización de una cantidad significativa de procesos. Se espera que la creciente implementación de estas herramientas acelere el desarrollo del análisis predictivo.

8.2 Ubicuidad del análisis predictivo

El análisis predictivo está ampliando sus horizontes más allá de las aplicaciones industriales y comerciales. El futuro verá análisis predictivos en escenarios cotidianos como el fitness personal, la seguridad del hogar, la agricultura e incluso la política. Ahora bien, las herramientas predictivas no son sólo el fuerte de las empresas. Una amplia gama de dispositivos personales permite a los usuarios generar datos y producir predicciones personalizadas. Esta presencia cada vez más común es indicativa de la creciente importancia y practicidad del análisis predictivo en diversos ámbitos de la vida.

8.3 La nube y el análisis predictivo

Con el auge de la computación en la nube, el análisis predictivo ha experimentado un considerable potencial de crecimiento. La nube facilita la gestión y el análisis de big data. Las tendencias futuras apuntan a que el análisis predictivo avanza hacia plataformas basadas en la nube. Con la creciente disponibilidad de datos en la nube, las organizaciones pueden aprovechar esta flexibilidad y escalabilidad para ejecutar análisis predictivos de manera más eficiente, extrayendo así información valiosa en tiempo real.

8.4 Sensibilidad temporal y predicciones en tiempo real

A medida que avanzamos hacia la era de la transformación digital, la importancia de los datos en tiempo real aumenta exponencialmente. El análisis predictivo futurista no sólo consistirá en hacer predicciones precisas, sino también en hacer estas predicciones en tiempo real. Análisis más rápidos y conocimientos oportunos serán más críticos para impulsar decisiones comerciales y acciones estratégicas. La integración de la analítica de streaming en modelos predictivos podría suponer un punto de inflexión en este contexto.

8.5 Preocupaciones de privacidad y seguridad

Con el avance del análisis predictivo, las preocupaciones sobre la privacidad y la seguridad también serán el centro de atención. Como tendencia futura, las regulaciones sobre privacidad de datos pueden volverse más estrictas. El análisis predictivo, que se basa en gran medida en datos, deberá equilibrar sus objetivos con los estándares regulatorios necesarios.

Para concluir, el ámbito del análisis predictivo es dinámico y evolutivo. Innovaciones, como la inteligencia artificial y el aprendizaje automático, están revolucionando sus capacidades y aplicaciones. Sin embargo, debe complementarse con políticas sólidas de gobernanza de datos para respetar los datos privados de los usuarios. Las tendencias futuras indican una trayectoria apasionante para este ámbito, en la que la tecnología siempre traspasará los límites de lo posible.

Aprovechar el aprendizaje automático para el análisis predictivo

Una de las tendencias futuras más interesantes en el análisis predictivo es la integración de técnicas de aprendizaje automático en modelos estadísticos tradicionales. El aprendizaje automático, un subconjunto de la inteligencia artificial, permite a las computadoras aprender y tomar decisiones basadas en datos sin estar programadas explícitamente.

Aprovechar el aprendizaje automático para el análisis predictivo significa que los algoritmos pueden aprender continuamente de nuevos datos y adaptarse en consecuencia. Esto representa un cambio radical en el poder predictivo, con modelos modernos de aprendizaje automático capaces de superar a las técnicas estadísticas tradicionales, especialmente en conjuntos de datos grandes y complejos.

Aprendizaje supervisado y no supervisado

El quid de la cuestión del aprendizaje automático gira en torno a dos tipos de aprendizaje: el aprendizaje supervisado y el aprendizaje no supervisado.

En el aprendizaje supervisado, un algoritmo se entrena en un conjunto de datos etiquetados, lo que significa que tiene tanto los parámetros de entrada como la salida deseada. El algoritmo aprende la relación entre entrada y salida durante el entrenamiento y aplica este conocimiento a datos nuevos e invisibles.

El aprendizaje no supervisado, por otro lado, funciona con conjuntos de datos sin etiquetas. El objetivo del aprendizaje no supervisado es encontrar patrones y relaciones en los datos. El análisis de conglomerados es una técnica común de aprendizaje no supervisado que agrupa puntos de datos en función de la similitud.

Revolución del aprendizaje profundo

Un tipo particular de modelo de aprendizaje automático llamado aprendizaje profundo ha ganado popularidad en los últimos años debido a su capacidad para aprender de conjuntos de datos vastos y complejos. El aprendizaje profundo utiliza redes neuronales artificiales con múltiples capas (de ahí, "profundo") para aumentar la precisión en tareas como el reconocimiento de objetos, el reconocimiento de voz y, ahora, el análisis predictivo.

Estos modelos han demostrado ser increíblemente exitosos en tareas donde la solución implica mapear entradas complejas a salidas y aprender de ejemplos. La llegada del big data ha dado un impulso significativo a la revolución del aprendizaje profundo porque se nutre de la utilización de grandes cantidades de datos para hacer predicciones precisas o extraer información precisa.

Análisis predictivo en tiempo real

Otra tendencia interesante en el análisis predictivo es el análisis en tiempo real. Con el poder computacional actual combinado con modelos de aprendizaje automático, podemos realizar análisis predictivos en tiempo real, brindando a los líderes empresariales y a los tomadores de decisiones información instantánea para informar sus iniciativas estratégicas.

El valor del análisis predictivo en tiempo real se extiende no sólo a tomar mejores decisiones con mayor rapidez, sino también a ajustar acciones o decisiones en respuesta a situaciones cambiantes. Es una forma de microestrategia que puede informar decisiones a nivel granular "sobre la marcha" y es particularmente valiosa para sectores donde las condiciones pueden cambiar rápidamente, como las finanzas y el comercio minorista.

Transparencia y preocupaciones éticas

Como ocurre con todas las herramientas potentes, existen cuestiones éticas relacionadas con el uso del aprendizaje automático en el análisis predictivo. Las cuestiones de privacidad de los datos, la transparencia en la forma en que los modelos hacen predicciones y el potencial de sesgo algorítmico son preocupaciones importantes.

Recientemente se han logrado avances en el desarrollo de modelos de aprendizaje automático "explicables" que pueden proporcionar información sobre cómo llegaron a una determinación. Sin embargo, muchos modelos de aprendizaje automático de alto rendimiento todavía se consideran "cajas negras", con poca transparencia en el proceso interno de toma de decisiones.

Es probable que la transparencia en el aprendizaje automático se convierta en una cuestión más importante en el futuro, a medida que crezcan las preocupaciones éticas y de gobernanza, impulsando el desarrollo de una IA interpretable y responsable.

En conclusión, aprovechar las técnicas de aprendizaje automático para el análisis predictivo presenta una tendencia futura emocionante e innovadora. La combinación de modelos avanzados de aprendizaje automático, una mayor potencia computacional y una amplia disponibilidad de datos impulsará sin duda avances en el análisis predictivo, abriendo nuevas oportunidades y desafíos.

IX. Desafíos y limitaciones del análisis predictivo

Subsección: Comprensión de la complejidad y las implicaciones éticas del análisis predictivo

El análisis predictivo tiene claros beneficios para optimizar diversos procesos y mejorar la toma de decisiones. Sin embargo, si bien ofrece importantes ventajas, el uso eficiente del análisis predictivo no está exento de desafíos. De hecho, presenta una complejidad significativa y consideraciones éticas que las organizaciones deben comprender y abordar adecuadamente para garantizar un uso ético y óptimo.

Calidad y gestión de datos

La calidad de los datos afecta significativamente la eficacia del análisis predictivo. El principio "basura entra, basura sale" suena cierto en el análisis predictivo. Los datos no válidos, incompletos o sesgados pueden llevar a conclusiones incorrectas y a una toma de decisiones errónea. Además, el análisis predictivo requiere volúmenes sustanciales de datos, lo que hace que la gestión de datos sea otro desafío potencial. Pueden surgir problemas en el almacenamiento, recuperación y limpieza de datos, que afecten el proceso analítico general.

Precisión del modelo

Los modelos predictivos se basan en tendencias y datos históricos, con el supuesto de que los patrones futuros se parecerán a los pasados. Sin embargo, acontecimientos novedosos o factores desconocidos pueden distorsionar esta tendencia y dar lugar a imprecisiones. En estos casos, los modelos predictivos pueden fallar, lo que conlleva consecuencias potencialmente perjudiciales. Por lo tanto, el desafío radica en mejorar la solidez y adaptabilidad del modelo.

Brecha de habilidades

La interpretación e implementación efectivas del análisis predictivo requieren habilidades especializadas. A menudo, las organizaciones enfrentan una brecha en la experiencia, lo que puede obstaculizar una adopción adecuada. Capacitar al personal, colaborar con expertos o aprovechar herramientas automatizadas se encuentran entre las soluciones a esta limitación, pero conllevan sus propios desafíos y costos.

Transparencia y Confianza

La complejidad de los modelos predictivos puede dificultar que los no expertos comprendan cómo derivan sus predicciones o recomendaciones. Esta falta de transparencia puede generar desconfianza y una adopción reducida. Garantizar que los modelos sean interpretables y explicables puede superar este desafío; sin embargo, a menudo es una compensación con la precisión y profundidad del modelo.

Cumplimiento normativo

Dado que el análisis predictivo se basa en datos, las organizaciones deben cumplir con diversas leyes de privacidad y protección de datos, como el Reglamento General de Protección de Datos (GDPR). Estas restricciones regulatorias pueden limitar el uso y el intercambio de datos, lo que puede afectar el rendimiento de los modelos predictivos.

Implicaciones éticas

El análisis predictivo puede potencialmente desencadenar controversias éticas, particularmente si los resultados accidentalmente favorecen o discriminan a grupos particulares en función de atributos sensibles como raza, género o estatus socioeconómico. Las decisiones sesgadas resultantes pueden reflejarse negativamente en la reputación y la situación jurídica de una organización. El manejo y uso ético de los datos es una preocupación importante que exige un enfoque cuidadoso en la aplicación del análisis predictivo.

Resistencia al cambio

Los seres humanos se resisten de forma innata al cambio; por lo tanto, transformar los procesos de toma de decisiones de manuales a otros impulsados por datos y tecnología puede encontrar resistencia. Una gestión del cambio estratégico que enfatice los beneficios y garantice la participación de las partes interesadas puede ayudar a superar esta limitación.

El análisis predictivo es una herramienta poderosa, pero debe usarse con atención y no verse como una solución mágica. Reconocer estas limitaciones y desafíos ayudará a las organizaciones a aprovechar el análisis predictivo de manera ética, efectiva e impactante.

En conclusión, comprender estos desafíos permite a las organizaciones implementar las estrategias correctas para sortear estas limitaciones y aprovechar el verdadero potencial del análisis predictivo, asegurando que las predicciones futuras que hagan sean lo más precisas y valiosas posible. El empleo responsable del análisis predictivo permite a las organizaciones disfrutar de los beneficios de la tecnología y al mismo tiempo garantizar que continúen operando dentro de límites éticos, manteniendo así la confianza del público en sus operaciones. Es evidente que, si bien el análisis predictivo puede transformar las operaciones comerciales, aprovechar todo su potencial requiere una cuidadosa consideración y navegación de los desafíos y limitaciones asociados.

Subsección: Comprender las complejidades involucradas en el análisis predictivo

Si bien el análisis predictivo ofrece un impresionante espectro de ventajas y oportunidades para empresas de diversas industrias, es fundamental que también reconozcamos y comprendamos sus limitaciones. Varios factores pueden obstaculizar la eficacia de los modelos predictivos, desde problemas con los datos hasta desafíos en la implementación. A continuación se ofrece una descripción detallada de algunos de los principales desafíos y limitaciones que presenta el análisis predictivo:

1. **Problemas de calidad de los datos:** el análisis predictivo depende en gran medida de la calidad de los datos disponibles. Si los datos son incompletos, inconsistentes, obsoletos o inexactos, la eficacia del análisis predictivo puede verse gravemente obstaculizada. Los datos deben gestionarse bien, actualizarse periódicamente y limpiarse a fondo. Los

valores atípicos también deben tratarse correctamente, ya que pueden sesgar los resultados.

2. **Modelos de sobreajuste y desajuste:** esto puede ser un problema importante en el modelado predictivo. El sobreajuste ocurre cuando el modelo es demasiado complejo y comienza a captar ruido aleatorio en lugar de describir las relaciones subyacentes. Por otro lado, el desajuste ocurre cuando el modelo es demasiado simple para capturar todas las relaciones de datos. Tanto el sobreajuste como el desajuste pueden dar lugar a predicciones inexactas y poco fiables.

3. **La correlación no implica causalidad: el** análisis predictivo puede identificar patrones y relaciones entre diferentes variables, pero no siempre puede establecer el efecto causal, es decir, si una variable es la razón del cambio en otra. La imposibilidad de determinar las relaciones causales puede a veces dar lugar a predicciones engañosas.

4. **Datos sensibles al tiempo:** los modelos predictivos desarrollados utilizando datos históricos podrían no ser precisos en el futuro si los datos dependen en gran medida del tiempo. Los cambios en el comportamiento de los clientes, las tendencias del mercado o las condiciones ambientales pueden afectar significativamente la precisión del modelo.

5. **Confianza en la experiencia en el dominio:** el análisis predictivo puede sugerir lo que podría suceder en el futuro, pero decidir qué acción tomar en función de esa predicción a menudo requiere un amplio conocimiento del dominio. Un modelo predictivo puede indicar la probabilidad de pérdida de clientes, pero la estrategia eficaz para retener al cliente necesita experiencia en el dominio.

6. **Transparencia y confianza:** los modelos predictivos, especialmente aquellos que utilizan algoritmos

complejos, pueden ser como "cajas negras" que generan predicciones sin proporcionar una comprensión clara de cómo llegaron a esa predicción. Esta falta de transparencia puede obstaculizar la confianza y obstaculizar su aceptación más amplia.

7. **Preocupaciones éticas y de privacidad:** el análisis predictivo a menudo requiere el uso de datos personales confidenciales. Sin embargo, es esencial afrontar esto de manera responsable. No cumplir con las regulaciones de privacidad de datos y las consideraciones éticas al tratar dichos datos puede tener graves repercusiones.

8. **Implementación y mantenimiento a largo plazo:** a medida que evolucionan los patrones del mercado y el comportamiento de los clientes, los modelos predictivos necesitan actualizaciones y mantenimiento periódicos para garantizar una precisión y relevancia continuas. Esto puede resultar una tarea desafiante que requiere esfuerzos y recursos significativos.

Si bien estos desafíos plantean algunas dificultades, intentar alcanzar la perfección en el análisis predictivo suele ser menos valioso que simplemente avanzar. La clave es ser consciente de estas limitaciones y tomar medidas para minimizar sus impactos. A pesar de las limitaciones enumeradas, las ventajas del análisis predictivo superan con creces las dificultades, lo que lo convierte en una herramienta esencial en el panorama empresarial moderno. La clave no es confiar únicamente en la tecnología, sino aprovecharla junto con el juicio y la experiencia humanos.

IX.1 Comprender los límites del análisis predictivo

Aunque el análisis predictivo ofrece beneficios prometedores, es importante comprender que la tecnología no es infalible y presenta un conjunto único de desafíos y limitaciones. Ninguna técnica de modelado predictivo puede garantizar una precisión del 100 %; siempre prevalece cierto grado de incertidumbre.

1. Calidad y cantidad de datos

La precisión del análisis predictivo depende en gran medida de la calidad y cantidad de los datos utilizados. El uso de datos incompletos, incorrectos, desactualizados o sesgados puede generar predicciones erróneas. Además, los modelos predictivos requieren grandes volúmenes de datos para funcionar de manera eficiente. Si no hay suficientes datos disponibles, el modelo analítico puede generar predicciones inexactas.

2. Interpretación de datos

Interpretar los resultados correctamente es otro desafío del análisis predictivo. Hay casos en los que los modelos pueden predecir un resultado que es inconsistente con la realidad subyacente. Si la interpretación es incorrecta, las decisiones basadas en estas predicciones pueden conducir a resultados indeseables. Los modelos son tan buenos como las personas que los interpretan.

3. Sobreajuste y desajuste

Los modelos predictivos, en particular los basados en algoritmos de aprendizaje automático, pueden sufrir problemas de sobreajuste y desajuste. El sobreajuste ocurre cuando un modelo es demasiado complejo e incluye efectos aleatorios en lugar de sistemáticos, lo que hace que el modelo se ajuste demasiado bien al conjunto de datos específico y funcione mal con datos nuevos. Por otro lado, el desajuste ocurre cuando el modelo es demasiado simple y no logra capturar tendencias importantes en los datos, lo que resulta en predicciones deficientes.

4. Oportunidad de las predicciones

El poder predictivo de los modelos tiende a degradarse con el tiempo. Esto se debe a que los patrones y relaciones subyacentes en los datos pueden cambiar. Los modelos deben actualizarse periódicamente y probarse con datos recientes para garantizar que sigan siendo válidos.

5. Preocupaciones éticas y de privacidad

El uso de análisis predictivos también puede generar preocupaciones éticas y de privacidad. En ocasiones, los modelos pueden revelar datos confidenciales o dar lugar a prácticas discriminatorias, especialmente cuando los datos incluyen identificadores personales. Por lo tanto, es fundamental respetar las normas de privacidad y los estándares éticos al emplear análisis predictivos.

6. Costo y tiempo intensivos

El proceso de recopilación, análisis y creación de modelos de datos para el análisis predictivo puede resultar costoso y consumir mucho tiempo. Además, es necesario invertir suficiente intelecto humano y tiempo para comprender y aprovechar adecuadamente los resultados.

7. Dependencia del conocimiento del dominio

Por último, los proyectos exitosos de análisis predictivo generalmente dependen de una importante experiencia en la materia. Si bien el proceso puede haber sido automatizado, los conocimientos que resultan de estos modelos no siempre son obvios y pueden requerir una profunda experiencia en el dominio para realizarlos y actuar en consecuencia.

Identificar las limitaciones y desafíos implícitos del análisis predictivo subraya la importancia del refinamiento y ajuste continuo. Darse cuenta de que los modelos predictivos no deben utilizarse como herramientas principales para la toma de decisiones sino más bien como componentes de apoyo es un elemento crucial para emplear eficazmente el análisis predictivo.

Obstáculos para incorporar análisis predictivos

Aunque el análisis predictivo tiene el potencial de transformar drásticamente las empresas al ofrecer información valiosa sobre el futuro, la implementación de esta poderosa herramienta revela un conjunto único de desafíos:

Calidad de los datos:

Uno de los aspectos más críticos que influyen en el éxito o el fracaso de un modelo predictivo es la calidad de los datos que se utilizan. La mala calidad de los datos puede desviar las predicciones, lo que lleva a conclusiones inexactas y estrategias equivocadas. Se estima que los datos de mala calidad le cuestan a la economía estadounidense más de 3,1 billones de dólares cada año (fuente). La limpieza, el enriquecimiento y la validación de los datos pueden llevar mucho tiempo, pero son pasos necesarios en la fase de preprocesamiento de los datos.

Falta de analistas calificados:

Diseñar, implementar e interpretar resultados de modelos de análisis predictivo a menudo requiere una combinación de experiencia en estadística, ciencia de datos y aprendizaje automático. Sin embargo, existe una escasez significativa de profesionales capacitados, lo que puede obstaculizar el crecimiento y la aplicación del análisis predictivo. Según un informe de McKinsey, EE. UU. podría enfrentar una escasez de entre 140.000 y 190.000 profesionales con profundas habilidades analíticas para 2028 (fuente)

Preocupaciones sobre la privacidad y la seguridad de los datos:

Dado que el análisis predictivo aprovecha cantidades masivas de datos, esto también plantea riesgos importantes en relación con la privacidad y la seguridad de los datos. Las organizaciones deben asegurarse de cumplir con las leyes y regulaciones necesarias cuando manejan datos confidenciales, como GDPR en Europa y CCPA en California.

Costos de implementación:

La incorporación de herramientas de análisis predictivo en las operaciones existentes puede implicar una inversión sustancial tanto en recursos financieros como en tiempo. Los costos asociados con la compra o el desarrollo de software de análisis predictivo, la capacitación del personal y el mantenimiento de estos sistemas pueden ser significativos.

Mala interpretación de la salida:

Los modelos predictivos ofrecen probabilidades, no certezas. Las empresas que no comprendan este aspecto correctamente pueden confiar demasiado en un solo resultado, lo que podría conducir a acciones incorrectas. Por tanto, comprender e interpretar correctamente los resultados es importante para las organizaciones.

Consideraciones éticas:

El despliegue de análisis predictivos puede considerarse discriminatorio si utiliza datos para dirigirse injustamente a individuos o grupos específicos para realizar acciones. También existe la preocupación de que los modelos predictivos puedan reforzar los sesgos existentes en los datos.

Limitaciones del análisis cuantitativo:

El análisis predictivo se basa principalmente en el análisis cuantitativo. Sin embargo, algunos aspectos, como el comportamiento humano, la cultura empresarial o las tendencias sociales más amplias, no son fácilmente cuantificables, pero pueden influir significativamente en la precisión de los modelos predictivos.

Naturaleza dinámica de los mercados:

Los mercados son entornos en constante evolución. Un modelo predictivo que funciona bien hoy puede no ser necesariamente adecuado para circunstancias futuras. El análisis predictivo debe adaptarse y evolucionar constantemente para ofrecer información valiosa en un escenario tan dinámico.

A pesar de estos desafíos, las recompensas de incorporar análisis predictivos en el proceso de toma de decisiones de una organización pueden ser enormes. Con las estrategias y herramientas adecuadas, las empresas pueden superar estos desafíos y aprovechar el poder del análisis predictivo para impulsar el crecimiento. Como dice el refrán, "Es difícil hacer predicciones, especialmente sobre el futuro", pero con el análisis predictivo, las organizaciones están mejor equipadas que nunca para enfrentar este desafío.

Comprender las limitaciones de las técnicas de análisis predictivo

A pesar del poder transformador del análisis predictivo, es fundamental comprender que los modelos predictivos no son premoniciones infalibles. Están intrínsecamente ligados a los datos en los que se basan, los algoritmos que se utilizan para procesar esos datos y la capacidad de mejorar iterativamente el modelo desarrollado. Varias limitaciones inherentes al análisis predictivo brindan lecciones valiosas sobre cómo esta tecnología puede implementarse de manera efectiva y comprenderse conscientemente.

Calidad e integridad de los datos

El dicho "basura entra, basura sale" es válido en el mundo del análisis predictivo. Los modelos son tan buenos como los datos que los alimentan. El análisis predictivo requiere datos limpios, de alta calidad y con el formato adecuado para generar predicciones precisas y confiables. Los datos inexactos, incompletos o sesgados pueden dar lugar a modelos que produzcan predicciones engañosas o sesgadas negativamente.

De manera similar, incluso los datos bien recopilados tienen sus limitaciones, ya que sólo representan factores pasados y presentes. Si ocurren eventos inesperados o sin precedentes (como una pandemia global o una crisis económica), el modelo puede tener un desempeño significativamente inferior, ya que no tiene datos previos en los que basar tales predicciones.

Complejidad del modelo y sobreajuste

La complejidad del modelo también puede servir como limitación. Los modelos complejos pueden funcionar excepcionalmente bien con datos de entrenamiento, pero fallan estrepitosamente con datos nuevos porque han sobreajustado los datos de entrenamiento. El sobreajuste ocurre cuando un modelo aprende los detalles y el ruido de los datos de entrenamiento hasta el punto de afectar negativamente el rendimiento del modelo con datos nuevos. Esto significa que el modelo recoge y aprende como conceptos el ruido o las fluctuaciones aleatorias en los datos de entrenamiento, lo que lo hace menos preciso al predecir resultados para nuevas instancias de datos.

Incertidumbre y falsos positivos

La incertidumbre es otra limitación del análisis predictivo. Si bien se generan predicciones, puede resultar difícil determinar con precisión la probabilidad de que ocurra debido a la naturaleza siempre cambiante de los factores externos. Además, un modelo puede generar predicciones con cierto grado de error, también conocidos como falsos positivos o falsos negativos. Estas predicciones falsas pueden conducir a un desperdicio de recursos o a decisiones mal informadas si no se identifican y gestionan correctamente.

Preocupaciones éticas y de privacidad

Como los modelos predictivos suelen requerir una gran cantidad de datos, pueden surgir problemas relacionados con la privacidad y la protección de datos. Además, el análisis predictivo puede conducir inadvertidamente a dilemas éticos. Por ejemplo, los datos sesgados pueden dar lugar a predicciones sesgadas, fomentando resultados discriminatorios, incluso de forma inconsciente. Reconocer y mitigar estos posibles sesgos es crucial para el uso responsable del análisis predictivo.

Tecnología en evolución

A medida que la tecnología continúa evolucionando, también lo hace el panorama del análisis predictivo. Continuamente surgen nuevos métodos y enfoques, mientras que los más antiguos maduran o se vuelven obsoletos. Esto puede dificultar la selección del método adecuado e incluso puede requerir cambiar de estrategia a mitad de camino durante la etapa de diseño o implementación del modelo.

Mida la eficacia de su análisis predictivo no solo en términos de su precisión, sino también apreciando sus limitaciones y cuestionando constantemente la calidad de sus datos de entrada, la idoneidad del modelo elegido, la claridad de sus resultados definidos y el impacto de factores externos imprevistos. variables. Sólo entonces podrá aprovechar plenamente el verdadero poder del análisis predictivo para pronosticar y dar forma a eventos futuros.

X. Convertir el análisis predictivo en conocimientos prácticos

XI Comprensión de los conceptos básicos de conocimientos prácticos

Para comprender completamente cómo el análisis predictivo se puede convertir en conocimientos prácticos, es fundamental comprender primero qué abarcan los conocimientos prácticos. Una visión procesable es información en la que una empresa puede confiar para tomar decisiones estratégicas. Ofrece a los gerentes información tangible que, cuando se actúa en consecuencia, hace posible mejorar las operaciones comerciales, la experiencia del cliente y, en última instancia, el resultado final. Estos conocimientos se derivan de datos analizados que revelan tendencias, patrones y asociaciones relacionadas con el comportamiento de los consumidores y el desempeño del negocio.

En el contexto del análisis predictivo, estos conocimientos podrían presentarse en forma de predicciones sobre tendencias futuras, comportamiento de los clientes, desarrollos del mercado y otras métricas operativas esenciales para el éxito empresarial. Algunos ejemplos son pronosticar la pérdida de clientes, predecir ventas futuras y estimar los efectos de decisiones comerciales específicas.

X.II. El proceso de creación de conocimientos prácticos

El análisis predictivo, un componente del análisis de datos, se centra principalmente en la utilización de datos, algoritmos estadísticos y técnicas de inteligencia artificial para identificar la probabilidad de resultados futuros basados en datos históricos. La generación de conocimientos procesables a través del análisis predictivo se puede lograr mediante un proceso definido que involucra las siguientes etapas:

1. **Recopilación de datos:** el proceso comienza con la recopilación de datos de diversas fuentes, como sistemas comerciales, plataformas de comentarios de clientes, redes sociales, canales de interacción con el cliente, bases de datos públicas, etc. La riqueza y variedad de datos recopilados en esta fase juegan un papel crucial en la calidad de los insights que se generarán.
2. **Limpieza y preparación de datos:** este paso implica la eliminación de errores, información duplicada, datos irrelevantes y cualquier otra discrepancia que pueda comprometer la confiabilidad de los conocimientos procesables producidos.
3. **Análisis:** esta es la etapa donde se construyen y aplican modelos predictivos, a menudo utilizando algoritmos avanzados y técnicas de aprendizaje automático. El objetivo principal de esta fase es identificar patrones y relaciones entre variables en los datos que pueden analizarse para predecir resultados futuros.
4. **Generación de insights:** aquí es donde los resultados del análisis se interpretan y traducen en insights o recomendaciones que son directamente aplicables a las operaciones o estrategias comerciales.
5. **Implementación:** la fase final implica el uso de conocimientos para informar la toma de decisiones y la planificación de acciones. Esto puede implicar una amplia gama de acciones, dependiendo de los conocimientos específicos derivados y de la naturaleza del negocio.

X.III. El valor de los conocimientos prácticos en el análisis predictivo

Transformar el análisis predictivo en conocimientos prácticos es de suma importancia porque es esta transformación la que agrega valor a una organización. El análisis predictivo por sí solo es excelente para anticipar lo que podría suceder en el futuro. Sin embargo, sin convertir estas predicciones en estrategias viables, la información es esencialmente de poca utilidad.

Por ejemplo, si el análisis predictivo revela que una empresa corre el riesgo de perder una parte considerable de sus clientes en el próximo trimestre, la información procesable puede guiar a la empresa a invertir en programas de retención de clientes.

Además, los conocimientos prácticos ofrecen un punto de referencia tangible para la planificación estratégica. En lugar de nociones o suposiciones vagas sobre el desempeño empresarial y las condiciones del mercado, las empresas pueden aprovechar estos conocimientos para tomar decisiones basadas en datos que acerquen a la empresa a sus objetivos.

En conclusión, mientras que el análisis predictivo actúa como los ojos que ayudan a las empresas a ver el futuro probable, los conocimientos prácticos son los pies que ayudan a estas empresas a avanzar estratégicamente hacia el éxito futuro.

XY: comprensión de los conocimientos prácticos y su importancia

Antes de profundizar en cómo convertir el análisis predictivo en conocimientos prácticos, es importante comprender qué son los conocimientos prácticos y por qué son cruciales en el panorama empresarial impulsado por la tecnología.

El término "conocimiento procesable" se refiere a información valiosa extraída de sus datos sobre la que se puede actuar para mejorar las estrategias y operaciones comerciales. En el ámbito del análisis de datos, se traduce en el conocimiento adquirido a partir de tendencias y patrones estadísticos y convertido en una estrategia o acción. Una visión procesable no consiste sólo en comprender la información oculta en los datos, sino también en convertir esa comprensión en acciones apropiadas, apoyando eficazmente los procesos de toma de decisiones.

No se puede exagerar la importancia de estas ideas. En el competitivo entorno empresarial actual, las organizaciones que pueden aprovechar rápidamente conocimientos prácticos para adaptarse a los cambios tienen una ventaja estratégica. Con estos conocimientos, las empresas pueden crear pronósticos más precisos, optimizar procesos, mejorar la satisfacción del cliente, aumentar los ingresos, reducir costos y tomar decisiones estratégicas más informadas. Además, los conocimientos prácticos proporcionan una base sólida para alinear las estrategias y procesos comerciales con las necesidades de los clientes y las tendencias del mercado, lo que en última instancia conduce a un mejor posicionamiento competitivo y al éxito a largo plazo.

XY1 traduce el análisis predictivo en conocimientos prácticos

Ahora, veamos cómo el análisis predictivo se puede traducir en conocimientos prácticos.

1. **Recopilación de datos de calidad** : el primer paso para generar información procesable a partir del análisis predictivo implica recopilar datos de calidad. Asegúrese de que los procesos de recopilación de

datos sean lo suficientemente sólidos como para capturar datos precisos y representativos de diferentes facetas de su negocio. Además, esté atento a posibles sesgos en sus datos para mantener la objetividad en las predicciones.

2. **Analizar e interpretar los datos** : a continuación, aplique minería de datos, algoritmos estadísticos y técnicas de aprendizaje automático para analizar los datos recopilados e identificar patrones y tendencias. En este caso, se pueden utilizar diferentes modelos predictivos para enmarcar los probables resultados futuros. Las interpretaciones que se hacen aquí actúan como la base de sus conocimientos prácticos.

3. **Sintetizar los resultados en una estrategia** : una vez que se disciernen los patrones predictivos, combine los resultados en una estrategia factible. Esto incluye tomar decisiones sobre qué predicciones son más importantes para su negocio, traducir los resultados cuantitativos en conocimientos cualitativos y luego en acciones a implementar.

4. **Implementar los conocimientos** : después de comprender lo que significan los resultados y desarrollar una estrategia de respuesta, el siguiente paso es poner el plan en acción. La implementación oportuna y eficaz de la estrategia es fundamental para aprovechar al máximo sus conocimientos.

5. **Monitoreo y adaptación** : Finalmente, a medida que se implementan las acciones extraídas del análisis predictivo, el monitoreo continuo de los resultados es crucial. Esto permite a las empresas adaptar y modificar sus estrategias basándose en comentarios en tiempo real y evolucionar con el entorno empresarial dinámico.

Desafíos de XY2 para aprovechar conocimientos prácticos

Si bien el análisis predictivo tiene el potencial de desbloquear una gran cantidad de conocimientos prácticos, existen desafíos que superar. Estos incluyen lidiar con el volumen, la velocidad y la variedad de big data, garantizar la calidad y seguridad de los datos y traducir resultados predictivos complejos en acciones. La falta de profesionales de datos capacitados y la naturaleza dinámica de las tendencias y algoritmos de datos también pueden plantear desafíos.

A pesar de estos desafíos, aprovechar los conocimientos prácticos procedentes del análisis predictivo es una inversión que puede generar enormes beneficios. Al combinar avances tecnológicos, experiencia estadística y previsión estratégica, las empresas pueden convertir montañas de datos en minas de oro de conocimientos prácticos. Por lo tanto, es imperativo un compromiso continuo para perfeccionar la recopilación de datos, el análisis y los planes de acción para que las empresas aprovechen con éxito el poder del análisis predictivo.

X.1 Puesta en práctica del análisis predictivo: cómo implementar conocimientos prácticos

Comprender los patrones y tendencias de sus datos es un paso necesario, pero el verdadero poder del análisis predictivo reside en su capacidad para impulsar acciones significativas. Teniendo esto en cuenta, es crucial poner en funcionamiento su proceso de análisis predictivo de manera efectiva.

X.1.1 Definir métricas procesables

Comience por definir las métricas que sean más relevantes para sus objetivos comerciales específicos. Estos pueden incluir la tasa de abandono de clientes, la tasa de conversión de campañas de marketing, los usuarios activos mensuales, los ingresos promedio por usuario, etc. Una vez que haya elegido las métricas clave, modele su proceso de análisis predictivo en torno a ellas.

X.1.2 Construcción de modelos predictivos robustos

Sus métricas procesables deben guiar el desarrollo de sus modelos predictivos. Considere, por ejemplo, si su objetivo es reducir la pérdida de clientes. Su modelo predictivo podría utilizar datos de comportamiento del cliente y métricas de participación para predecir aquellos en riesgo de abandono. Una vez desarrollado el modelo, iterarlo y perfeccionarlo constantemente para mejorar su capacidad predictiva.

X.1.3 Personalizar planes de acción

Basándose en las predicciones de sus modelos, diseñe planes de acción adecuados. Deben ser tareas concretas y alcanzables que su equipo pueda llevar a cabo. Siguiendo con nuestro ejemplo de abandono, un plan de acción podría consistir en llegar a los clientes en riesgo con ofertas personalizadas o realizar una encuesta de retroalimentación para descubrir las causas de la insatisfacción.

X.1.4 Sistemas de respuesta automatizados

Incorpora en la medida de lo posible el uso de sistemas de respuesta automatizados en tus planes de acción. Por ejemplo, un sistema de marketing por correo electrónico podría segmentar automáticamente a los clientes según su nivel de riesgo y enviarles correos electrónicos específicos. Esto no sólo hace que su proceso sea eficiente sino que también garantiza respuestas oportunas.

X.1.5 Fomentar la comunicación

Implemente conocimientos de análisis predictivos en todos los equipos internos relevantes. Esto puede implicar el diseño de paneles intuitivos que transmitan los conocimientos de forma clara y convincente, y capacitar a los miembros del equipo sobre cómo interpretar los datos e implementar las decisiones.

X.1.6 Medir los resultados

Por último, pero no menos importante, es fundamental revisar y medir los resultados de las acciones tomadas. A medida que se ejecutan las acciones, los resultados deben monitorearse continuamente para evaluar la efectividad y recalibrar los modelos si es necesario. Esto forma un ciclo de mejora iterativa que refina continuamente su proceso de análisis predictivo y su impacto en sus operaciones comerciales del mundo real.

En resumen, convertir el análisis predictivo en información procesable no es una tarea única. Implica un enfoque disciplinado para construir de forma iterativa modelos predictivos, implementar acciones, monitorear resultados y perfeccionar los métodos. Sin embargo, las recompensas son abundantes, ya que las empresas que tienen éxito en esta tarea obtienen una guía tangible basada en datos para sus operaciones futuras.

X.1 Utilización de los resultados del análisis predictivo

El objetivo principal del análisis predictivo es extraer información valiosa de los datos y utilizar esta información para predecir patrones, tendencias y comportamientos futuros. Sin embargo, los resultados brutos del análisis predictivo por sí solos no son necesariamente "procesables". Para aprovechar plenamente el poder de estos modelos predictivos, es esencial convertir estos resultados brutos en conocimientos prácticos que puedan aprovecharse en los procesos de toma de decisiones.

X.1.1 Interpretación de los resultados del análisis predictivo

El primer paso para convertir el análisis predictivo en información procesable es la interpretación adecuada de los datos de salida. Este proceso requiere una comprensión profunda del modelo predictivo, los datos que se utilizaron y el resultado en sí. Los analistas deben aclarar si el modelo tuvo éxito en la identificación de patrones y en la realización de predicciones precisas. Métricas simples como exactitud, precisión, recuperación y puntuación F1 pueden proporcionar una visión rápida del rendimiento del modelo. Sin embargo, estas métricas deben interpretarse con cautela, considerando un posible sobreajuste o desajuste del modelo.

Una comprensión integral de los modelos predictivos permite a las empresas identificar posibles fallas inherentes a estos modelos, lo que respalda la creación de mejores estrategias o realiza los ajustes necesarios para predicciones futuras.

X.1.2 Cómo hacer que las predicciones sean viables

Una vez que las predicciones se hayan interpretado con precisión, se pueden convertir en conocimientos prácticos. Dependiendo del contexto, podrían aplicarse diferentes enfoques. Por ejemplo, en un escenario de ventas, las predicciones se pueden utilizar para identificar clientes potenciales con altos ingresos, desencadenar esfuerzos de marketing dirigidos o planificar estrategias estratégicas de precios. En un entorno de producción, los programas de mantenimiento o el reemplazo de piezas podrían ajustarse en función de las tasas de falla predictivas.

X.1.3 Conexión de conocimientos con la toma de decisiones

El objetivo final de los conocimientos prácticos es incorporar los procesos de toma de decisiones. Al integrar el análisis predictivo en las operaciones comerciales, las empresas pueden tomar decisiones basadas en datos, lo que les permite obtener una ventaja competitiva. Sin embargo, es necesario abordar cuidadosamente la integración del análisis predictivo. Es crucial garantizar que las empresas no dependan demasiado de decisiones basadas en datos sin incorporar elementos humanos como la creatividad y la intuición.

Además, la eficacia de integrar el análisis predictivo en la toma de decisiones depende en gran medida de la cultura de la organización hacia la toma de decisiones basada en datos y su apertura para adoptar el cambio. Por lo tanto, las organizaciones deben asegurarse de fomentar una cultura centrada en los datos y al mismo tiempo crear mecanismos sólidos de gestión del cambio.

X.1.4 Visualización de análisis predictivos

Transformar los datos sin procesar en un formato visual es otro elemento clave para que el análisis predictivo sea completamente procesable. Las herramientas de visualización de datos, como gráficos, infografías, mapas de calor, etc., pueden hacer que los datos complejos sean más comprensibles, reveladores y utilizables. Por ejemplo, trazar las ventas proyectadas de un producto durante el próximo trimestre puede demostrar visualmente patrones y tendencias, haciendo que las cifras sean más tangibles y significativas.

En conclusión, convertir el análisis predictivo en conocimientos procesables es un proceso que requiere una interpretación adecuada de los datos de salida, hacer que las predicciones sean procesables, integrarlas en los procesos de toma de decisiones y representarlas visualmente. Estos conocimientos no sólo indican lo que puede ocurrir en el futuro; también brindan instrucciones valiosas sobre qué pasos se deben tomar ahora para aprovechar los resultados previstos o mitigar los riesgos potenciales.

"Convertir el análisis predictivo en conocimientos prácticos"

A. Comprender el poder del análisis predictivo

El análisis predictivo es una forma avanzada de análisis que utiliza datos históricos, algoritmos estadísticos y técnicas de aprendizaje automático para predecir resultados futuros. Esta herramienta es utilizada por empresas de diversos sectores, como atención médica, marketing, comercio minorista, finanzas y más, para tomar decisiones y estrategias bien informadas sobre el futuro.

En esencia, el análisis predictivo aprovecha el poder de los datos para brindar información sobre lo que es más probable que suceda en el futuro. Aprovecha una variedad de técnicas estadísticas, de modelado, de minería de datos y de aprendizaje automático para estudiar el desempeño pasado con el fin de predecir los resultados futuros.

Los modelos predictivos capturan las relaciones entre varios elementos de datos y buscan patrones o tendencias que se desvelan dentro de estas relaciones para predecir riesgos y oportunidades futuros. Al decodificar estos patrones subyacentes y tendencias potenciales, las organizaciones pueden comprender cómo las diferentes variables influyen en la trayectoria de su negocio, tomando así decisiones más informadas y basadas en datos.

B. Transformar la inteligencia predictiva en conocimientos prácticos

Si bien el análisis predictivo nos proporciona un resultado futuro probable, es importante recordar que conocer el futuro por sí solo no es suficiente; lo que cuenta es cómo utilizamos este conocimiento a nuestro favor. En otras palabras, el análisis predictivo debe convertirse en conocimientos prácticos para impulsar una toma de decisiones eficaz.

Así es como puedes hacerlo:

- **Toma de decisiones:** utilice análisis predictivos para tomar decisiones informadas sobre la asignación de recursos, la gestión de riesgos y la planificación estratégica. Por ejemplo, los minoristas pueden utilizar datos sobre las compras y preferencias anteriores de los clientes para predecir qué productos se venderán mejor en el futuro y almacenar el inventario en consecuencia.

- **Planificación estratégica:** el análisis predictivo puede ayudar a las empresas a planificar sus próximos pasos proporcionando información sobre el futuro. Por ejemplo, las empresas pueden utilizar los conocimientos para planificar sus estrategias de marketing al comprender qué tipo de contenido atrae más a su audiencia o en qué región es probable que sus productos se vendan más.

- **Gestión de riesgos:** el análisis predictivo también desempeña un papel crucial a la hora de identificar riesgos potenciales y tomar medidas preventivas. Por ejemplo, las instituciones financieras pueden aprovechar el análisis predictivo para evaluar el riesgo crediticio de un prestatario potencial. De manera similar, las empresas pueden anticipar fallas en los equipos o interrupciones en la cadena de producción analizando datos operativos.

- **Personalización:** al comprender el comportamiento pasado de los clientes, el análisis predictivo permite a las empresas ofrecer experiencias personalizadas a los clientes. Este aspecto ayuda a desarrollar relaciones más sólidas con los clientes y fomenta la lealtad, lo que en última instancia mejora la rentabilidad de su empresa.

C. Errores que se deben evitar al generar conocimientos prácticos

Ahora bien, si bien el análisis predictivo puede ayudar a las empresas a analizar conjuntos de datos complejos y predecir resultados futuros, es esencial evitar ciertos errores al generar información útil:

- **Calidad de los datos**: la precisión de sus predicciones depende en gran medida de la calidad de los datos que analice. El uso de datos inadecuados, obsoletos o irrelevantes puede sesgar enormemente los resultados y conducir a conclusiones incorrectas. Por lo tanto, asegúrese de que sus datos estén completos, sean relevantes y estén actualizados.
- **Efecto de tendencia**: no sigas ciegamente la tendencia; No todas las predicciones analíticas son adecuadas para todas las empresas. Lo que funciona para una empresa no necesariamente funciona para otra. Por lo tanto, es esencial determinar la herramienta de análisis predictivo adecuada que se adapte a las necesidades y objetivos específicos de su empresa.
- **No actuar:** La mera identificación de las posibilidades no aporta ningún valor a menos que se tomen medidas. La clave aquí es traducir eficazmente esos conocimientos en acciones que se alineen con sus objetivos comerciales.
- **Implementación en silos:** el análisis predictivo no debe usarse de forma aislada para una única función empresarial. Para lograr el máximo impacto, integre análisis predictivos en varios departamentos para aprovechar todo el potencial de sus datos.

Recuerde, el análisis predictivo no es una bola de cristal que predice mágicamente el futuro. Aún así, cuando se combina con conocimientos estratégicos procesables, podría cambiar las reglas del juego en su proceso de toma de decisiones, impulsando el crecimiento y el éxito a largo plazo de su negocio.

Derechos de autor y exenciones de responsabilidad de contenido:

Descargo de responsabilidad sobre contenido asistido por IA:
El contenido de este libro se generó con la ayuda de modelos de lenguaje de inteligencia artificial (IA) como CHatGPT y Llama. Si bien se han realizado esfuerzos para garantizar la precisión y relevancia de la información provista, el autor y el editor no ofrecen garantías con respecto a la integridad, confiabilidad o idoneidad del contenido para un propósito específico. El contenido generado por IA puede contener errores, inexactitudes o información desactualizada, y los lectores deben tener cuidado y verificar de forma independiente cualquier información antes de confiar en ella. El autor y el editor no se hacen responsables de las consecuencias que surjan del uso o la confianza en el contenido generado por IA en este libro.

Descargo de responsabilidad general:
Utilizamos herramientas de generación de contenido para crear este libro y obtenemos una gran cantidad de material de herramientas de generación de texto. Ponemos a disposición material y datos financieros a través de nuestros Servicios. Para ello, nos basamos en una variedad de fuentes para recopilar esta información. Creemos que se trata de fuentes confiables, creíbles y precisas. Sin embargo, puede haber ocasiones en las que la información sea incorrecta.
NO HACEMOS RECLAMACIONES NI DECLARACIONES EN CUANTO A LA EXACTITUD, INTEGRIDAD O VERDAD DE NINGÚN MATERIAL CONTENIDO EN NUESTRO libro. TAMPOCO SEREMOS RESPONSABLES DE CUALQUIER ERROR, INEXACTITUD U OMISIÓN, Y RENUNCIAMOS ESPECÍFICAMENTE CUALQUIER GARANTÍA IMPLÍCITA O COMERCIABILIDAD O IDONEIDAD PARA CUALQUIER FIN EN

PARTICULAR Y EN NINGÚN CASO SEREMOS RESPONSABLES DE CUALQUIER PÉRDIDA DE BENEFICIOS O CUALQUIER OTRO DAÑO COMERCIAL O A LA PROPIEDAD, INCLUYENDO PERO NO LIMITADO A DAÑOS ESPECIALES, INCIDENTALES, CONSECUENCIALES U OTROS DAÑOS; O POR RETRASOS EN EL CONTENIDO O TRANSMISIÓN DE LOS DATOS DE NUESTRO libro, O QUE EL LIBRO SIEMPRE ESTARÁ DISPONIBLE. Además de lo anterior, es importante tener en cuenta que los modelos de lenguaje como ChatGPT se basan en técnicas de aprendizaje profundo y se han entrenado en grandes cantidades de datos de texto para generar texto similar al humano. Estos datos de texto incluyen una variedad de fuentes, como libros, artículos, sitios web y mucho más. Este proceso de entrenamiento permite que el modelo aprenda patrones y relaciones dentro del texto y genere resultados que sean coherentes y contextualmente apropiados.

Los modelos de idioma como ChatGPT se pueden usar en una variedad de aplicaciones, que incluyen, entre otras, servicio al cliente, creación de contenido y traducción de idiomas. En el servicio de atención al cliente, por ejemplo, los modelos lingüísticos se pueden utilizar para responder a las consultas de los clientes de forma rápida y precisa, lo que libera a los agentes humanos para que se encarguen de tareas más complejas. En la creación de contenido, se pueden utilizar modelos de lenguaje para generar artículos, resúmenes y subtítulos, lo que ahorra tiempo y esfuerzo a los creadores de contenido. En la traducción de idiomas, los modelos de idiomas pueden ayudar a traducir texto de un idioma a otro con gran precisión, lo que ayuda a romper las barreras del idioma.

Sin embargo, es importante tener en cuenta que, si bien los modelos de lenguaje han logrado grandes avances en la generación de texto similar al humano, no son perfectos. Todavía existen limitaciones en la comprensión del contexto y el significado del texto por parte del modelo, y puede generar resultados incorrectos u ofensivos. Como tal, es importante utilizar los modelos de lenguaje con precaución y verificar siempre la precisión de los resultados generados por el modelo.

Descargo de responsabilidad financiera

Este libro está dedicado a ayudarlo a comprender el mundo de las inversiones en línea, eliminar cualquier temor que pueda tener sobre cómo comenzar y ayudarlo a elegir buenas inversiones. Nuestro objetivo es ayudarlo a tomar el control de su bienestar financiero al brindarle una sólida educación financiera y estrategias de inversión responsable. Sin embargo, la información contenida en este libro y en nuestros servicios es solo para fines educativos y de información general. No pretende sustituir el asesoramiento legal, comercial y/o financiero de un profesional con licencia. El negocio de la inversión en línea es un asunto complicado que requiere una diligencia debida financiera seria para cada inversión a fin de tener éxito. Le recomendamos enfáticamente que busque los servicios de profesionales calificados y competentes antes de realizar cualquier inversión que pueda afectar sus finanzas. Esta información se proporciona en este libro, incluida la forma en que se hizo, denominados colectivamente como los "Servicios".

Tenga cuidado con su dinero. Utilice únicamente estrategias con las que ambos comprendan los riesgos potenciales y se sientan cómodos con ellas. Es su responsabilidad invertir sabiamente y salvaguardar su información personal y financiera.

Creemos que tenemos una gran comunidad de inversores que buscan lograr y ayudarse mutuamente a lograr el éxito financiero a través de la inversión. En consecuencia, animamos a la gente a comentar en nuestro blog y posiblemente en el futuro en nuestro foro. Muchas personas contribuirán en este asunto, sin embargo, habrá ocasiones en las que las personas proporcionen información engañosa, engañosa o incorrecta, sin querer o de otra manera.

NUNCA debe confiar en la información u opiniones que lea en este libro, o cualquier libro al que podamos vincularnos. La información que lea aquí y en nuestros servicios debe usarse como punto de partida para su PROPIA INVESTIGACIÓN en varias empresas y estrategias de inversión para que pueda tomar una decisión informada sobre dónde y cómo invertir su dinero.

NO GARANTIZAMOS LA VERACIDAD, CONFIABILIDAD O INTEGRIDAD DE CUALQUIER INFORMACIÓN PROPORCIONADA EN LOS COMENTARIOS, FORO U OTRAS ÁREAS PÚBLICAS DEL libro O EN CUALQUIER HIPERVÍNCULO QUE APARECE EN NUESTRO libro.

Nuestros Servicios se brindan para ayudarlo a comprender cómo tomar buenas decisiones financieras personales y de inversión. Usted es el único responsable de las decisiones de inversión que tome. No seremos responsables de ningún error u omisión en el libro, incluidos artículos o publicaciones, de hipervínculos incrustados en mensajes o de cualquier resultado obtenido del uso de dicha información. Tampoco seremos responsables de ninguna pérdida o daño, incluidos los daños emergentes, si los hubiera, causados por la confianza del lector en cualquier información obtenida mediante el uso de nuestros Servicios. Por favor, no utilice nuestro libro si no acepta la responsabilidad propia de sus acciones.

La Comisión de Bolsa y Valores de EE. UU. (SEC) ha publicado información adicional sobre el ciberfraude para ayudarle a reconocerlo y combatirlo de manera efectiva. También puede obtener ayuda adicional sobre los esquemas de inversión en línea y cómo evitarlos en los siguientes libros: http://www.sec.gov, http://www.finra.org y http://www.nasaa.org. Cada una de estas son organizaciones creadas para ayudar a proteger a los inversores en línea.

Si elige ignorar nuestros consejos y no realizar una investigación independiente de las diversas industrias, empresas y acciones, tiene la intención de invertir y confiar únicamente en la información, los "consejos" y las opiniones que se encuentran en nuestro libro; acepta que ha hecho una decisión consciente y personal de su propia voluntad y no intentará hacernos responsables de los resultados de la misma bajo ninguna circunstancia. Los Servicios ofrecidos en este documento no tienen como objetivo actuar como su asesor de inversiones personal. No conocemos todos los datos relevantes sobre usted y/o sus necesidades individuales, y no declaramos ni afirmamos que ninguno de nuestros Servicios sea adecuado para sus necesidades. Debe buscar un asesor de inversiones registrado si busca asesoramiento personalizado.

Enlaces a otros sitios. También podrá vincular otros libros de vez en cuando a través de nuestro Sitio. No tenemos ningún control sobre el contenido o las acciones de los libros a los que enlazamos y no seremos responsables de nada que ocurra en relación con el uso de dichos libros. La inclusión de cualquier enlace, a menos que se indique expresamente lo contrario, no debe verse como un respaldo o recomendación de ese libro o las opiniones expresadas en él. Usted, y sólo usted, es responsable de realizar su propia diligencia debida en cualquier libro antes de hacer cualquier negocio con ellos.

Exenciones de responsabilidad y limitaciones: bajo ninguna circunstancia, incluida, entre otras, la negligencia, nosotros, nuestros socios, si los hubiere, o cualquiera de nuestras afiliadas, seremos responsables, directa o indirectamente, de cualquier pérdida o daño, que surja de, o en relación con, el uso de nuestros Servicios, incluidos, entre otros, daños directos, indirectos, consecuentes, inesperados, especiales, ejemplares u otros que puedan resultar, incluidos, entre otros, pérdidas económicas, lesiones, enfermedades o muerte o cualquier otro tipo de pérdida o daño, o reacciones inesperadas o adversas a las sugerencias contenidas en este documento o que de otro modo le hayan sido causadas o supuestamente le hayan sido causadas en relación con el uso de cualquier consejo, bien o servicio que reciba en el Sitio, independientemente de la fuente, o cualquier otro libro que haya visitado a través de enlaces de nuestro libro, incluso si se le advierte de la posibilidad de tales daños.

Es posible que la ley aplicable no permita la limitación o exclusión de responsabilidad o daños incidentales o consecuentes (incluidos, entre otros, la pérdida de datos), por lo que es posible que la limitación o exclusión anterior no se aplique a usted. Sin embargo, en ningún caso nuestra responsabilidad total hacia usted por todos los daños, pérdidas y causas de acción (ya sea por contrato, agravio o de otro tipo) excederá el monto que usted nos pagó, si corresponde, por el uso de nuestro Servicios, si los hubiere. Y al utilizar nuestro Sitio, usted acepta expresamente no intentar responsabilizarnos por las consecuencias que resulten de su uso de nuestros Servicios o de la información proporcionada en ellos, en cualquier momento o por cualquier motivo, independientemente de las circunstancias.

Descargo de responsabilidad de resultados específicos. Estamos dedicados a ayudarlo a tomar el control de su bienestar financiero a través de la educación y la inversión. Brindamos estrategias, opiniones, recursos y otros Servicios que están diseñados específicamente para reducir el ruido y la exageración para ayudarlo a tomar mejores decisiones de inversión y finanzas personales. Sin embargo, no hay forma de garantizar que ninguna estrategia o técnica sea 100% efectiva, ya que los resultados variarán según el individuo y el esfuerzo y compromiso que haga para lograr su objetivo. Y, lamentablemente, no te conocemos. Por lo tanto, al usar y/o comprar nuestros servicios, usted acepta expresamente que los resultados que recibe del uso de esos Servicios dependen únicamente de usted. Además, también acepta expresamente que todos los riesgos de uso y cualquier consecuencia de dicho uso correrán a cargo exclusivamente de usted. Y que no intentará responsabilizarnos en ningún momento ni por ningún motivo, independientemente de las circunstancias.

Según lo estipulado por la ley, no podemos ni ofrecemos ninguna garantía sobre su capacidad para lograr resultados particulares mediante el uso de cualquier Servicio adquirido a través de nuestro libro. Nada en esta página, nuestro libro o cualquiera de nuestros servicios es una promesa o garantía de resultados, incluido el hecho de que ganará una determinada cantidad de dinero o, cualquier dinero, también comprende que todas las inversiones conllevan algún riesgo y en realidad puede perder dinero mientras invierte. En consecuencia, todos los resultados indicados en nuestro libro, en forma de testimonios, estudios de casos o de otro modo, son ilustrativos de conceptos únicamente y no deben considerarse resultados promedio ni promesas de desempeño real o futuro.